塔木德

·猶太人的最高致富智慧·

苑琳／編著

猶太民族是世界上最神秘的民族之一。有人說：「世界上的鈔票都在美國人腰包裡，而美國人的錢都在猶太人口袋裡。」有統計資料顯示，雖然猶太人僅佔全世界人口的0.3%，但是在全世界超級富翁中，猶太人卻佔了1/5~1/4。而且美國400名大富豪中，有45%是猶太人；《富比士》美國富豪排行榜前40名中有21名是猶太人。美國前總統羅斯福也曾這樣感嘆：「影響美國經濟的有200多家企業，而操縱這些企業的只有六、七個猶太人。」

猶太商人號稱「經商的智者，賺錢的魔鬼」。猶太商人在做生意的過程中，能把賺錢的潛質發揮到極限，把種種合法賺錢的途徑利用到極限。那麼，猶太人為什麼被世界上公認最會賺錢？他們為什麼能賺錢？他們又是怎麼賺錢的？難道他們真的就是上帝最寵愛的民族？帶著這些問題，我們不妨先來看下面這樣一個財富故事。

1956年，一名親人遭受德國納粹屠殺的猶太人，懷揣5000美元來到美國華爾街。短暫的10年後，這名猶太人就在美國創立了自己的基金公司，之後，他又因為在1992年歐洲貨幣危機期間炒賣英鎊而一舉成名，短短一個月賺取了15億美元。

到了21世紀初，這名猶太人已經透過自己的智慧將剛開始的5000美元啟動資金變成了200億美元，成為美國乃至世界屈指可數的財富大亨。說到這裡，可能你已經知道他的名字了，他就是美國量子基金兩位創始人之一，有著金融大鱷之稱的喬治·索羅斯。

在很大程度上，索羅斯的經歷是整個猶太民族奮鬥的縮影。他們一度失去祖國、顛沛流離、慘遭驅逐並遭受各種迫害、屠殺，然而，他們卻憑藉著自己的智慧，贏得了巨大的財富，也贏得了生存的尊嚴和權利。

猶太人愛財，但在猶太人看來，金錢並不是最重要的，更重要的是智慧。尊崇智慧的觀念深深植根在所有猶太人的心中。

在猶太人的家庭中，母親啟蒙小孩子時都會問：「假如有一天你的房子被燒了，你的財產也將要被人搶光，那麼你將帶著什麼東西逃命？」孩子通常是想到錢，或是珠寶、鑽石等。這時候，母親就會啟發他們：「有一種沒有形狀、沒有顏色、沒有氣味的寶貝，你知道是什麼嗎？」要是孩子答不出來，母親就教導他們說：「孩子，你要帶走的不是錢也不是鑽石，而是智慧，因為智慧是任何人都搶不去的，只要你活著，智慧就永遠伴隨著你。」

每一位猶太母親幾乎都這樣教育過自己的孩子，因此猶太人以其獨特的智慧摘取了「世界第一商人」的桂冠，他們在財富領域的成就讓世人刮目相看。而他們的智慧源於被人稱為「猶太文明的智慧寶庫」的《塔木德》。

《塔木德》是猶太人的精神支柱，他們在遭受殺戮與迫害之時，唯有《塔木德》是他們的信仰，因此，他們雖然被迫到處流浪，卻不忘隨身攜帶並研讀這本書。《塔木德》是他們走出苦難、

走向傑出的燈塔，更是整個猶太民族的靈魂。有人說，人類的智慧在猶太人的腦袋裡，猶太人的智慧在《塔木德》裡。時至今日，猶太人依然將《塔木德》奉為瑰寶。

　　本書從經商和處世兩個方面對《塔木德》進行整理和改編，詳細介紹了猶太人的經商法則和智慧，揭示了猶太人靈活多變的為人處世原則，從而幫助人們瞭解和揭開猶太人之所以取得卓越成就的全部秘密。

編著者

目錄

第 1 章
最會賺錢的民族告訴你：經商需要智慧 ⋯⋯ 011

　　一、即使是一美元也要賺 ⋯⋯ 013
　　二、要賺錢就要有創新意識 ⋯⋯ 017
　　三、抓住資訊才能賺大錢 ⋯⋯ 021
　　四、頭腦靈活，不斷接受新的挑戰 ⋯⋯ 026

第 2 章
瞄準你的生意圈，有的放矢才賺錢 ⋯⋯ 031

　　一、做有錢人的生意 ⋯⋯ 033
　　二、猶太人的78：22法則 ⋯⋯ 037
　　三、掌握「厚利適銷」的原則 ⋯⋯ 040
　　四、關注有錢人的流行趨勢 ⋯⋯ 045
　　五、精於借勢，成就事業 ⋯⋯ 049

第 3 章
行銷智慧，從情感和心理上打動客戶更易成功 ⋯⋯ 055

　　一、要把握誠信第一的經商原則 ⋯⋯ 057
　　二、把顧客的反對意見搶先提出來 ⋯⋯ 063
　　三、推銷不能以貌取人 ⋯⋯ 068
　　四、嫌貨才是買貨人 ⋯⋯ 072
　　五、把話說到客戶心坎裡 ⋯⋯ 076

第 4 章

隨時捕捉機會，別讓任何一個商業機遇從身邊溜走 …… 083

一、別猶豫，有機會時果斷出擊 …… 085

二、不冒險，怎能抓住機會 …… 090

三、把握瞬間機遇，成就財富人生 …… 096

四、致富的機會來源於以變應變 …… 102

五、每一次不幸都能轉化為機會 …… 107

第 5 章

錢要如何花——學習猶太人的理財智慧 …… 113

一、節儉能使未來的利益得到保障 …… 115

二、會花錢才能賺錢 …… 120

三、儲蓄難以致富 …… 125

四、越早理財，越早獲得財富 …… 129

第 6 章

解放思想，開發你的商業潛能 …… 135

一、解放思想，善抓機會 …… 137

二、與成功者為伍，從合作走向卓越 …… 141

三、窮，也要站在富人堆裡 …… 145

四、出奇制勝方能脫穎而出 …… 150

五、經商要看到市場背後的需求 …… 154

第 7 章

猶太人的契約精神，一紙契約最具約束作用 …… 159

- 一、契約是與上帝的約定 …… 161
- 二、帶劍的契約才更安全 …… 164
- 三、信譽是商業中的道德契約 …… 167
- 四、無論賺錢還是做人，都要遵守一定的秩序 …… 171

第 8 章

在談判中獲勝，在討價還價中獲取最大利潤 …… 175

- 一、談判前先做好充分準備 …… 177
- 二、不要帶著任何情緒進入談判 …… 180
- 三、沉默應對，以靜制動 …… 185
- 四、談判前多準備幾套方案 …… 190

第 9 章

學習猶太人的生存哲學 …… 197

- 一、學習猶太人忍耐制勝的法則 …… 199
- 二、記住以利驅人的原則 …… 202
- 三、遭受侮辱是因為能力欠佳 …… 206
- 四、別輕易相信任何人 …… 209

第 10 章

做事專注，學習猶太人堅韌不拔的做事精神 …… 215

- 一、熱愛你的工作 …… 217
- 二、積極主動地做事 …… 222

三、責任第一，做事要盡職盡責……227
　　四、比別人多做一點，你會收穫更多……232

第 11 章

生活之道，人生不只是為了工作……237

　　一、無論是工作或休息，都全力以赴……239
　　二、善待自己，注重身體健康……244
　　三、幽默是生活的調味料……249
　　四、平平淡淡才是真，用冷靜和理智的眼光關注婚姻……255

第 12 章

抓好教育，孩子是家庭和社會的未來……261

　　一、在孩子幼小的心裡播下善良的種子……263
　　二、讓孩子愛上閱讀……268
　　三、讓孩子多接觸音樂……274

第 13 章

信仰的力量，學習猶太人自強不息的精神……281

　　一、什麼是摩西十誡……283
　　二、瞭解猶太民族的苦難史……288
　　三、信仰超越一切……292
　　四、自我鼓勵，獲得力量……297

第 1 章

最會賺錢的民族告訴你：
經商需要智慧

> 猶太人是世界公認最會賺錢的民族，他們有過人的經商天賦和對金錢孜孜不倦的追求精神，這正是猶太民族歷經2000年顛沛流離的漂泊生活而未喪失其民族特色，並在重重鎮壓、驅逐乃至屠殺後又迅速屹立於世界民族之林的真正原因。猶太人認為，智慧催生財富，他們重視思維在經商中的重要作用，認為唯有開發大腦、洞察商機，比人快一步，才可成就商業神話。因此，集民族千年智慧的營商聖經《塔木德》，被猶太人世代傳誦。

一、即使是一美元也要賺

　　自古以來，經商都不是一件容易的事，這是個考驗人忍耐力的過程，因此，大凡那些賺到錢並在事業上做出一番成就的人，都是腳踏實地的，只要有賺錢的機會，都絕不放棄的人。

　　精明的猶太人就是這樣做的。他們的格言是：「即使是一美元也要賺」。

　　20世紀末，美國西部成為熱門的開發地，很多年輕人來到這裡，夢想能夠大展宏圖。

　　兩個年輕人，一個是約翰，一個是傑克，都想去西部賺錢。他們到達目的地之後，便開始不斷尋找機會。

　　有一天，兩人走在大街上，他們同時看到了一枚硬幣，約翰看也不看就跨過去了，而傑克卻毫不猶豫地蹲下來將那枚硬幣撿了起來。看到傑克這一舉動，約翰露出了鄙夷的神情，他想：真沒出息，一枚硬幣也要撿，哪像幹大事業的人！而傑克卻認為，財富不

會憑空降落，一枚硬幣都不願意撿的人，怎麼能成就事業呢？

湊巧，兩人又同時被一家小公司錄用，但這份工作不但薪水很低，而且很累，約翰不屑一顧地拒絕了，而傑克卻高興地留了下來，努力地工作。約翰待了一家又一家的公司，他在不斷努力地尋找著一步登天的機會。

兩年後的一天，兩人在街上相遇了，傑克因為努力工作積累了不少工作經驗，現在的他已經有了自己的事業，而且生意很好，然而，約翰卻連一個固定的工作也沒有，溫飽都成了問題。

約翰感到非常不理解：傑克連掉在地上的硬幣都撿，這樣的人怎麼會成功呢？

事實上，任何一個想成就大事業的人，都必須肯從小事做起。因為如果你連一枚硬幣都不要，只是一味地盯著大錢，就很難發現和把握在生活中的機會，小錢都抓不住，怎麼能抓住大錢呢？

猶太商人研究《塔木德》得出的結論是：「即使是一美元也要賺」。猶太人慣於採取「化整為零，積少成多」的戰略，最後戰勝強大的對手。

有些人只想要賺大錢，而對小錢不置一顧，結果常常只能兩手空空，一分錢也賺不到。

其實，很多大富翁、大企業家，都是從賺小錢起家的。賺小錢

可以培養你的自信。因為賺小錢容易，每當賺到一筆錢後，你就會對自己的能力有所認可，逐漸相信自己有把事情做大的能力。

洛克菲勒曾說：「從最底層幹起，一點一點地獲得成功，我認為這是搞清楚一門生意基礎的最好途徑。」這句話的含義是，任何一個人，都不可能做到一步登天地成功，從底層做起，勤奮工作才是唯一可靠的出路。腳踏實地的努力，積累實力是成功的秘訣。

所以，不要老想著一步登天，實實在在從小錢賺起，一點一點積累，在賺錢的過程中體驗人生的滋味，這樣才會有創造的快樂；有成功的可能。

每個人都想闖出一番事業，但大多數人都覺得，沒有大的背景難以成事，沒有大筆的資金就難以起步。很多人只會扼腕空嘆，不知所為。「即使是一美元也要賺」，與猶太人的另一個生意經息息相通：「生意從不嫌小，收費從不嫌高。」

在現今社會，好高騖遠、不腳踏實地是很多人的通病。他們是思想上的巨人，行動上的侏儒。他們看到別人創業成功就也想嘗試，但卻不願意從一點一滴的積累開始；他們渴望成功，但他們的「願望」僅是停留在「願望」上，對於當下的工作，卻不屑一顧。眼高手低讓他們始終與成功無緣。

總而言之，經商一定要從積累開始，萬丈高樓平地起，一美元都不願意賺的人，怎麼可能賺大錢？

塔木德啟示

任何事情的成功都不是一蹴而就的,而是需要我們一點一滴的付出。小事成就大事,在每件小事上認真的人,做大事一定成績卓越。大凡那些成功攫取第一桶金並在事業上做出一番成就的人,都是腳踏實地的,他們會著眼於現在並且關注手頭上的每一件小事,在積累中實現卓越。

二、要賺錢就要有創新意識

猶太人是世界上最會賺錢的人，他們在經商上的創新意識令人瞠目結舌，一些有成就的猶太人，正是憑藉自己的超前意識在社會上獨樹一幟、獨領風騷的。他們能夠根據當下的形勢分析出未來最賺錢的行業，然後採取行動，從而把握未來，成為行業的先行者。

猶太人狄奧力・菲勒是一位著名的企業家。他雖出生於一個貧民窟，卻在幼時就表現出了與眾不同的財富眼光。

他從很小的時候就開始做生意了。那時，他想買玩具，可是又沒錢，於是，就把從街上撿來的玩具汽車修好，讓同學玩，然後向每人收0.5美元。不到一個星期的工夫，他賺到的錢就能買一輛新的車了。

成年後的菲勒發展出了更驚人的生意頭腦。一次，日本的一艘貨輪遇到了風暴，船上的一噸絲綢都遭水浸，上等的絲綢變成了顏

色斑駁的廢品，面對這種情況，貨主打算把這些布匹都扔了。菲勒卻在聽到這個消息後，馬上找到貨主，表示願意免費把這批廢品處理掉。得到這匹布，他就把它做成了迷彩服裝，輕易地賺到了10多萬美元。

菲勒的思維是與眾不同的，他能夠「在別人司空見慣的東西上發掘商機」，這是菲勒最可貴的創業資本，也是他成功的秘訣。

自古以來，人類就是在不斷的創新中進步的。可以說，如果人類沒有創新，只會停滯不前。同樣，作為個人，是否能保持思考創新，直接關係到他的事業成敗。有效的創新會點燃人生火花，成為生存的夢想和手段。誰有創新思想，誰就會成為贏家；誰要拒絕創新，誰就會平庸。

20世紀，美國西部掀起了一陣淘金熱，千萬人湧入那裡，但因淘金而成功的卻很少。但是圍繞淘金者賣水或賣牛仔褲致富的，卻成了一個個被後人敬仰的傳奇。形成這一奇怪狀況的原因就在於，淘金者幹的是力氣活，圍繞淘金服務的人，幹的是腦力活，善於思維者才能不斷成功。牛仔褲的發明者李維・施特勞斯，就是淘金熱裡面的不朽傳奇之一。

李維・施特勞斯是第一個發明牛仔褲的人，他創立了著名品牌「Levi's」，1979年，李維公司在美國國內總銷售額達13.39億美

元，國外銷售盈利超過20億美元，雄居世界10大企業之列，李維也由此成為最富有的牛仔褲大王。

李維一開始也是前往西部追趕淘金熱潮的人。一日，他突然間發現有一條大河擋住了他往西去的路。苦等數日，被阻隔的行人越來越多，到處是怨聲一片。而心情慢慢平靜下來的李維突然有了一個絕妙的創業主意——擺渡。由於大家急著過河，所以沒有人吝嗇坐他的船，他人生的第一筆財富居然因大河擋道而獲得。

漸漸地擺渡生意開始清淡，李維決定繼續前往西部淘金。來西部淘黃金的人很多，但賣水的人卻幾乎沒有，所以，水在這個地方成了最珍貴的東西。於是，李維決定開始做賣水的生意。後來，別人也看到了這一行當的利益，於是賣水的人越來越多，終於有一天，在他旁邊賣水的一個壯漢對他發出通牒：「小夥子，以後你別來賣水了，從明天早上開始，這兒賣水的地盤歸我了。」他以為那人是在開玩笑，第二天仍然來了，沒想到那傢伙立即走上來，不由分說，便對他一頓暴打，最後還將他的水車也一起拆爛。李維不得不再次改行，好在他立即又有了一個絕妙的好主意——把那些廢棄的帳篷收集起來，洗乾淨後，縫製成衣服，一定很耐穿。就這樣，他無意中創造了世界上第一條牛仔褲。此後，他的牛仔褲生意一發不可收拾，他也最終成為舉世聞名的「牛仔大王」。

儘管在世界著名服裝設計師的名單中並沒有李維・施特勞斯，

但沒有一位服裝設計大師的作品能像牛仔褲那樣遍及全世界，而且歷久不衰。經過140多年的發展，李維公司已在世界10多個國家和地區成立了近40個生產經營機構，年產牛仔褲超過億條。如今，世界上牛仔褲雖已出現眾多品牌，但李維牛仔褲在世界70多個國家的銷售量仍穩居第一。

其實每個人都有自己的創新意識，只是有的時候處於隱蔽狀態，未曾開發出來而已。因此，新時代的年輕人們，只要你敢於突破常規、敢想敢做，一樣能夠突破自我。

塔木德啟示

在當代社會，新學科、新知識層出不窮，創業也需要人們更多的努力。要做到創新，就要注意加強對新知識的學習，孤陋寡聞，學識淺薄，是不可能獲得財富的。

三、抓住資訊才能賺大錢

在猶太人看來，要經商成功，就必須要掌握最新的資訊，而且，他們很早就開始運用自己掌握的資訊賺錢了。在《塔木德》中有這樣一句富有哲理的話：「即使是風，只要用鼻子嗅嗅它的味道，你就可以知道它的來歷。」所以，猶太富豪們一直都很重視資訊的作用。

猶太人華倫・巴菲特是眾人皆知的「股神」。為了投資，他每天都會閱讀至少五份財經類報紙，在購買每一支股票之前，他都會深入瞭解這家公司，要知曉這家公司至少連續三年以上的財務狀況，瞭解這家公司在行業內的情報，保證自己比其他人更瞭解這家公司。巴菲特這樣做的目的就是為收集更多的資訊，以此確保投資的準確性。

隨著資訊時代的到來和網路的發達，人們獲取資訊的管道和方

式越來越多,創造財富的機會也無形中增多了。因此,別再抱怨自己不是商業間諜、捕捉不到商機了。如果你能綜合各方面的資訊,找到可利用的商機,財富就會在你身邊積聚起來。

朱莉姬和克萊格是美國Willowbee & Kent旅行公司的創始人。該公司創立於1997年12月,為旅遊者提供全套服務的「旅遊超市」。自創立起到1999年該公司的營業額已達350萬美元。

在介紹他倆開辦的這個「旅遊超市」時,克萊格說:「當時,沒有一家公司能提供這麼廣泛的服務,來我們公司購物絕對是物超所值。」該旅行公司能在一個房間裡為遊客提供全方位服務,包括訂票、購買旅遊指南和探險服,以及與旅遊相關的其他事宜。

大學畢業後,克萊格夫婦花了3年時間研究旅遊市場。他們頻繁地參加旅遊主題的會展以獲取經驗。「我們的目標是辦一個獨一無二的、有強烈視覺衝擊力的旅遊公司。」他們把自己的創意告訴了Retell設計公司,請他們為自己的公司做形象策劃。這家著名的設計公司極少為一家小店做設計,但他們被克萊格夫婦的創意打動了,覺得這種公司定位新鮮而獨特,一定能吸引許多的旅遊愛好者,從而掙大錢,於是為他們設計了一間極富個性的店面。

在克萊格夫婦這家旅遊超市裡,顧客一進門就能感受到旅遊的浪漫。他們可以流覽數以百計的旅遊手冊,還可在互動式的電視前完成到世界各地的虛擬旅行。門口處是一個兩層樓高的多媒體中

心,環形螢幕上的秀色美景令人怦然心動。顧客可以一邊看著酒店和遊艇的錄影,一邊向旅遊顧問諮詢,勾畫自己的夢之旅。這樣溫馨的情調,很快在旅遊者當中廣為流傳,於是這種旅行社立即在美國風靡起來,並且向歐洲蔓延。

克萊格夫婦之所以能找到這一獨特的商機,就是因為他們掌握了大量的資訊,看到旅遊這一行業的未來前景,而這一切與他們積極親近生活是不無關係的。

致富成功者,往往抓住了市場最新的變化,他們有敏銳的洞察力,能準確地察看出周圍的事物變化並做出快速的反應。任何一個人,要想獲得創業成功,就必須不斷接受新事物和新資訊,閉門造車只會讓頭腦越來越鈍化。

那些渴望財富的人,最大的苦惱就是找不到創業的方向,不知道從何處下手,但其實生活中處處都有商機。那些白手起家的成功者,看似是因為運氣好,而實際上卻是因為眼光敏銳,找到並抓住了稍縱即逝的時機,所以才順利地找到了他們成功的康莊大道。這種獨特的眼光人人都可以培養。我們在羨慕他們出手快的同時,更應該努力培養自己,讓自己也有一種獨特的商業意識。

要致富,我們還要注重生活積累。當你的頭腦裡充滿了新的東西,你就需要對資訊進行分析、思考、判斷、推理,大腦的工作速

度會自然加快，你就會找到最適合自己的行事方法。創造力就是如此產生的。

　　在日新月異的當今社會，我們周圍的人和事每天都在發生著變化，資訊更新之快已無法想像。在此情況下，一些人總是能保持敏銳的觸覺，看到自己的位置，然後投身到財富的創造中去；而也有一些人，總是遲鈍木訥，等到別人已經收錢慶祝時，他們才意識到自己錯過了機遇，只能空留嗟嘆。當然，對於剛剛起步的窮人來說，我們不必將眼光放得太高遠，我們不必關注世界，可以關注國內，關注身邊的事，甚至可以只關注你所在的一條街。你只需要在一定的範圍內成功就可以了。

　　要知道，我們不是全才，不可能插手每個行業，但我們可以多瞭解四周的環境，抓住可以掌握的機會。

> **塔木德啟示**
>
> 任何人，要想獲取成功，注意資訊的收集。現代社會，創新的重要性已經被人們所瞭解，每一個創業者，要想獲得財富，都要注重觀察能力的培養。隨時掌握並運用新的知識，我們才有可能成為時代的寵兒。

四、頭腦靈活，不斷接受新的挑戰

　　猶太人的經商成就已經向我們證明，猶太人是非常有智慧的。在世界各地，哪裡有猶太人，哪裡就有財富，他們總是善於根據時勢和經濟環境來制訂自己的經商目標。頭腦靈活是造就很多猶太富翁的重要原因。在猶太人中間，流傳著這樣一個故事：

　　第二次世界大戰前夕，猶太人薩利赫父子從德國逃亡到美國，安身於一家縫紉機廠，為老闆推銷縫紉機。剛開始，他們的推銷成績不錯，但自從二戰全面爆發後，行業普遍蕭條，他們的生意也不好做了。有一天，父子倆談起了這個問題。「父親，我們還要繼續推銷縫紉機嗎？」薩利赫的兒子問。「我們需要改行了。」薩利赫回答。「那又去推銷什麼呢？」兒子問。「我們可以去推銷殘疾人用的輪椅。」薩利赫說。雖然兒子有點詫異，但還是按照父親的意思開始推銷輪椅，因為他知道父親有著超人的經商智慧。

薩利赫的眼光果然準確，那些在戰爭中傷殘的戰士和人們，都需要輪椅，一時間，輪椅被搶購一空。在一年之內薩利赫父子推銷出去5000多台輪椅。

但後來，兒子又開始擔憂起來：「戰爭快要結束了，恐怕我們的輪椅不好推銷了。」

「戰爭結束後，人們最希望獲得的是什麼呢？」薩利赫啟發兒子說。

「最希望安穩美好的生活，因為人們已經厭倦了戰爭。」兒子回答。

薩利赫進一步說：「美好的生活首先來源於什麼呢？來源於健康的體魄，所以，戰後人們會逐漸重視身體的健康，那以後我們就推銷健身器材吧。」

雖然一開始的推銷業績不太好，而且不久之後，年老的薩利赫去世了，但兒子堅信父親的遠見，仍繼續推銷健身器材。結果戰爭後過了10多年，健身器材果然開始大受歡迎，由於薩利赫父子的遠見卓識，他們捷足先登，厚積薄發，很快就賺到了一大筆錢。

從薩利赫父子的經商故事中，我們看到了猶太人的經商智慧和變通思維，無論外界經濟環境如何變化，他們總是懂得調整自己的經商方向和目標，所以總能賺到錢。

任何人要想在競爭中脫穎而出，都不能忽視思維的力量。那些

頭腦靈活的人更能打拚出一條路。因為在打拚的過程中，誰都會遇到難題，只有開發大腦，做到運籌帷幄的人，才能解決難題。此外，在難題面前，任何人都可能會產生一些焦躁的情緒，但焦躁對於事情的解決毫無幫助，我們只有靜下心來，才能冷靜地思考解決的方法。

在生活中，失敗平庸者多，這其中除了心態問題外，還有思維能力的原因。平庸者在遇到問題時，總是挑選容易的倒退之路。「我不行了，我還是退縮吧。」結果就陷入失敗的深淵。成功者遇到困難，總能心平氣和，並告訴自己：「我要！我能！」「一定有辦法」。可見，我們的思維也需要做到與時俱進。有時候，你可能覺得已經進入了死胡同，但事實上，這只是你沒有找到出路而已，而改變事物的現狀就是運用思維的力量。思路一變方法就來，想不到就沒辦法，想到了又非常簡單，人的思維就是這樣奇妙。

曾經有這樣一句話：「要取得今天的成功，就要在教育與努力之外再加上這些要素——有創造性的、想像力豐富的心靈。」這句話告訴我們創造性思維的重要性。的確，當今社會已經進入資訊時代，任何成功者無不是抓住了成功的商機。因此，我們既要記住猶太人的經商法則，也要學會在日常生活中多開動你的大腦，培養自己的創造性思維和創造力。

洛克菲勒曾經在寫給兒子的信件中提到：「我相信，做任何事都不可能只有一種最好的方法，最好的方法正如創造性的心靈那樣多。沒有任何事是在冰雪中生長的，如果我們讓傳統的想法凍結我們的心靈，新的創意就不會滋長。」

愛因斯坦也曾說：「想像力比知識更為重要。」在創新的過程之中，最可怕的是想像力的貧乏。可以這樣說，人的一切發明與創造都源於想像力。一個人一生的成就，全歸功於他能建設性地、積極地利用想像力。只有具有與眾不同的想法，才能擁有與眾不同的收穫。

> **塔木德啟示**
>
> 拒絕新的挑戰是非常愚蠢的，而傳統型的想法是我們創造性計畫的頭號敵人。我們每個人都應該讓自己的思維變通起來，當大家都朝著一個固定的思維方向思考問題時，你不妨換個方向思考，以「出奇」達到「制勝」。這種思維方式一旦運用到工作中，效率就會大大提高，你也可能會得到不同尋常、出其不意的成功。

第 2 章

瞄準你的生意圈，有的放矢才賺錢

任何人都想賺錢，但成功賺到錢的人並不多，因為不是所有人都能掌握賺錢的方法。猶太人認為，財富掌握在有錢人的手中，只有想方設法賺有錢人的錢，才能賺大錢。經過長期的實踐，猶太人摸索出了一條78：22原則，即78%的財富被僅22%的人口佔有，而其餘78%的人只佔剩下的22%的財富。根據這一原則賺錢，就能在最短的時間賺到最多的財富，而這一點，應該成為每一個商業人士學習和借鑑的方法。

一、做有錢人的生意

在生活中，如果你能懂一點經濟學常識，大概聽說過著名的「洛倫茲曲線」，這個曲線表明了收入分配的格局，即財富不是平均地掌握在人們的手中，擁有收入（財富）的絕大多數的人只佔總人口中的一個比較小的比例。比如說，80%的財富被僅20%的人口佔有，而其餘80%的人只佔剩下的20%的財富。通俗點說就是，大部分的錢都在有錢人手裡。

從經商的角度來看，有錢人更有購買能力，所以猶太人的經商法則是：做有錢人的生意。

「錢在有錢人手裡。」這或許是一個再簡單不過的道理，但真正理解這句話，而且將其淋漓盡致地運用到商業運作和經營中的，大概就只有猶太人了。我們都知道，美國大部分的財富都在猶太人錢包裡，但事實上，猶太人只佔美國總人口的很少一部分，這一點，在世界其他國家也是一樣的，猶太人總是獨佔金融和商界鰲

頭。如果有人問他們何以生財有道,他們會漫不經心地說一句:「錢本來就在有錢人手裡。」這句話其實告訴了我們,要賺那些有錢人的錢,這樣就可以快賺錢,賺大錢了。

猶太商人利用這個法則不但賺到了有錢人的錢,而且還透過有錢人引領了更多人的消費。事實上,不少經濟學者已經發現:儘管人們總是鼓勵自己只購買需要的產品,但是實際卻總做不到,這大概是出於虛榮心作祟的原因。比如,人們不願意在平民區購買適合他們的飾品和皮革,即使這些產品質地優良,製作精美,但就是有很多的貴婦寧願花幾千幾萬買一件並不適合她們的晚禮服或者珠寶,大概她們考慮的就不是商品本身的價值,所以,一味地把經商的眼光放到窮人身上,生意未必很好。

既然「錢在有錢人的手裡」,那麼就應該想方設法去賺有錢人的錢,這就是猶太人的生意經。廉價商品雖然很容易流行,但生命期卻很短。

要使某種商品流行起來,最重要的是先讓它在那些有錢人當中流行,特別是對那些比較昂貴的奢侈品來說,這一方法更加適用。一種商品,當它在有錢人中流行時,就會在一般老百姓中形成一種示範效應。這好比明清時代的鬥蟋蟀、鬥雞,剛開始,也就是有錢人的公子哥或皇族的少爺小姐們的愛好,後來便有一些稍微有點

錢，一心向少爺闊少們看齊的普通大眾競相效尤，最後便在普通的百姓中流行起來了。「人往高處走，水往低處流」，一般人都羨慕上流社會，且願意與上流社會接近。上流社會流行的衣飾、運動、口味風格無疑對一般人有很大影響，尤以對女性、少男少女影響為甚，他們總會去趕潮流。猶太人深諳此道，並以此來操縱流行趨勢。如猶太富豪羅斯柴爾德的發跡，就是利用古錢幣讓其先在上流社會中流行起來，然後再普及到大眾之間；此外，日本的漢堡大王藤田的發跡史也利用了這一點。

「銀座猶太人」藤田先生不僅靠漢堡大發其財，而且還做女人和小孩的生意，如鑽石、時裝、高級手提包、玩具等。在經營過程中，他首先關注上流社會中有錢人的流行趨勢上，無論是鑽石的花樣，服飾的色彩還是手提包的樣式都按照有錢人的喜好特製。因此，他的產品不僅暢銷，而且20年來經久不衰，從未發生過低價賤賣產品的事。

當然，藤田先生之所以總是獨佔鰲頭、擊敗競爭對手，不僅因為他知道「要賺有錢人的錢」這一商業經，還因為他善於從實際出發，靈活多變。他知道，他的產品中那些歐美流行服飾只適合那些身材高挑、金髮碧眼的歐美女性，而不適合日本女性，即使這些日本女性再有錢，也不會花冤枉錢買不適合自己的東西。所以，那些只知其一不知其二的商人們，雖然片面地趕上了有錢人的時髦，但

第2章 瞄準你的生意圈，有的放矢才賺錢 | 035

不針對問題具體分析，最終還是免不了虧本。藤田先生能被稱為「銀座的猶太人」，與他靈活地運用猶太生意經有很大關係。

總之，在市場經濟的大環境下，能夠把握住流行時尚，無疑就握住了賺錢的尚方寶劍，但把握一種流行趨勢談何容易，猶太人從有錢人下手的商業策略值得我們學習和借鑑。關注有錢人的流行趨勢，從而引領有錢人的流行時尚，再加上仔細分析研究市場，商家就可以趕上潮流，甚至超前於潮流。把握了主動，賺錢就是水到渠成的事了。

塔木德啟示

猶太人常把經商的對象瞄準到少數的富人，而且做的都是價值不菲的鑽石生意或珠寶生意，要麼就是少有人經營的黃金和金融生意。雖然這些商品比較昂貴，但是卻能獲得高額利潤。

二、猶太人的78：22法則

在自然法則中，有一個78：22法則。這個法則是怎麼來的呢？首先，讓我們畫一個邊長為10cm的正方形，再做一個內切圓，然後計算一下它們的面積，你就會發現，一個面積為100的正方形，它的內切圓的面積是78.5，其餘面積為21.5。因而「78：22」是一個「規矩方圓」中不可逾越的法則。這一法則在自然界普遍存在，比如在人體中，水的比例為78%，其他物質佔22%。

在漫長的經商生涯中，猶太人發現這個自然法則也與一些商業經營活動有著天然的內在聯繫。因此，猶太人把這條法則作為從事一切商業活動的基礎。正是因為有了這條根本法則，猶太商人做起生意時，總是左右逢源，得心應手。

猶太人明白，每個城市大部分的財富都掌握在少數有錢人手裡，要想賺錢，就要把眼光放到有錢人的圈子裡，也就是要想方設

法賺有錢人的錢。

我們都知道，雖然猶太人從人口上來說只佔世界總人口很小的比例，但他們的富有卻是眾所周知的。在世界各國，猶太人都在金融界或商業界獨佔鰲頭。那麼他們為什麼能擁有這麼巨大的財富呢？這光靠有一個聰明的頭腦是不夠的，關鍵是他們掌握了78：22的經營魔法，這是猶太商人千百年來經商經驗的精華。

掌握了78：22法則的猶太商人猶如商場的鷹，他們能快速地捕捉商機，進而施展巨大的魔法。正因如此，所以猶太人掌握世界上絕大多數的財富。

猶太商人大部分專注於價格昂貴的鑽石、珠寶或者金融生意，因為出入這些商圈的都是富貴人家，所以做這些生意能得到豐厚的利潤。

以鑽石為例，這是一種高端的奢侈品，一般人消費不起，但是由於社會上的多數金錢都集中在居於高收入階層的少數人的手裡，所以即使是少量的銷售量也能獲得很高的利潤。猶太人告訴我們：賺「78」的錢，絕不吃虧！

除了經商以外，猶太人還將78：22法則經營運作放到了投資上。他們認為，如果要賺錢，在經營中就必須懂得核算，這正如一個正方形的內切圓一樣，投入的資本起碼要達到一定的利潤回報率才划算，如這個比率達不到的話就不划算乃至虧本，這樣的生意就

不能做。

另外,猶太人在剛起家時選用放高利貸的賺錢法也是利用了這一法則,他們瞄準了一些急需資金發展的企業,以高利貸的形式把錢借給那些企業,從中獲取鉅額回報,這樣往往比自己創辦企業要划算得多,而且也沒有那麼大的風險。

後來,猶太人發現各國經濟都在不斷發展,所以急需要資金,他們認識到放高利貸只不過是蠅頭小利了,接下來,他們將分散的金錢積聚起來,設立正式的金融機構,集中力量投資耗資多的、回報率高的大項目。這樣做,既解決了當地政府發展經濟的難題,又滿足了企業發展的需求,而最重要的是,他們賺到了豐厚的利潤,可謂一舉三得。

> **塔木德啟示**
>
> 經商要講究方法,賺有錢人的錢就是一個很好的方法。78:22法則告訴我們財富聚集在什麼地方,也告訴我們應該把經商的重點放在哪裡,這樣我們才能花最少的時間和精力賺到最多的錢。

三、掌握「厚利適銷」的原則

　　傳統經商觀念認為,「薄利多銷」的經營方法會招來更多的顧客,我們不否認這種方法,然而,這只是針對大眾群體的經營方法,事實上,根據前面我們提到的78：22法則,大多數的財富掌握在有錢人手裡,要想賺有錢人的錢,「薄利多銷」的方法並不適用。

　　猶太商人覺得進行薄利競爭,是一種愚蠢的做法。他們認為,商家之間透過壓低價格來爭取更多客戶的心情是可以理解的,但是為何不能反其道而行之呢?在還沒有考慮以低價銷售之前,為什麼不想辦法多賺取一些利潤呢?再說,一味地壓低價格,誰還有利潤可賺?另外,市場是有限的,只要消費者把自己所需要的商品買夠了,就是出售的價錢再低,也不會有人要的。

　　從這裡,可以看到猶太商人在經商問題上的獨特見解和智慧。他們絕不做薄利多銷的買賣,而只做厚利適銷的生意。猶太商人

對「薄利多銷」的策略持相反的態度，是有他們的道理的。他們認為：在靈活多變的行銷策略中，為什麼不採取上策而採用了下策？賣出去三件商品所獲得的利潤只相當於賣一件商品的利潤，這是下策，上策是經營出售一件商品就獲得三件的利潤。這樣，既可省了各種經營費用，還可以很好地保持市場的穩定性，並很快可以按高價賣出另外兩件商品。而以低價一下賣了三件商品導致市場飽和後，你再想多銷也是不可能的了。

在經商活動中，猶太商人除了堅持厚利適銷做法外，為了避免其他商人的「薄利多銷」的衝擊，他們寧願經營昂貴的消費品，也不經營低價的商品。因此，世界上經營珠寶、鑽石等首飾的商人中，猶太人佔大多數。

在美國紐約，有條著名的第42大街，在這條街上，有個門面不大的店，專門經營服裝生意，店主是個叫盧爾的猶太人。

剛開始時，這家店的生意並不好，為了改善經營狀況，盧爾請來了專業的服裝設計師，設計了當下最流行的牛仔服。他一開始只是將牛仔服掛在店裡賣，滿以為生意會好起來。他投資了6萬美元，生產了1000件牛仔服，其成本每件為60美元。基於打開市場的需要，他採取了低額定價策略，把每件衣服定為80美元，在當時紐約的這條第42大街上，這樣的價格顯然是非常低的了。盧爾心想，就憑著店裡衣服的新穎款式和低廉的價格，開業的那一天一

定會顧客盈門。但是事實和他想的相差太遠，真的到了開業那天，他的店竟然門可羅雀。

盧爾很賣力地叫賣了兩週時間，銷量依然不好，他有點心灰意冷，但依然不想放棄。於是，他把每件衣服的價格壓低了10美元出售，又呼天喊地叫賣了兩個禮拜，但是購買者仍不見增多。盧爾認為，可能還是價格太高了，所以，他又降價了10美元，這次的價格已經與成本持平了，銷售狀況仍是不見起色。乾脆大拍賣吧，每件50元，工本費都不要了，實行賠本清倉。可除了吸引不少看客外，並沒有幾個真正購買的顧客，大部分人都是走馬看花，看過熱鬧之後就不會再光顧他的店了。

這時，盧爾絕望了，他再也想不出任何辦法，他只好自認倒楣，他也不再叫賣了，只讓店裡的人在店前掛出「本店銷售世界最新款式牛仔服，每件40美元」的看板，至於能否銷售出去，就只好聽天由命了。

沒想到看板剛掛出去，就陸續地來了不少購買者，他們興致盎然地挑選起來。站在一旁的盧爾這回可傻了，呆若木雞地立在一旁。原來是他的店員一時粗心大意，在40的後面多加了個「0」，這樣一來每件從40美元就變成了400美元了，雖然價格一下子提升了10倍之多，但是購買者反倒大大地增多了。看板剛掛出一會

兒，就賣出了幾件衣服，並且隨後的銷售狀況越來越好，生意變得越來越興隆。

一個月的時間過去了，雖然盧爾仍然是「丈二金剛摸不著頭腦」，糊裡糊塗地，但他的1000件牛仔服已經全部銷售一空。原本差點血本無歸的盧爾，轉而發了筆橫財，高興得不得了。只是他一直不明白，採取低廉定價法一件賣不出去的衣服，為什麼會在高價時反而受到追捧？

其實，這是消費者的購買心理在起作用。盧爾的牛仔服銷售對象主要是那些趕時髦的買貴不買賤的有錢年輕人，他們對服裝的要求比較高，他們講求派頭，想要滿足自己的虛榮與愛美之心。雖然盧爾的牛仔服裝款式新穎，但因為一開始他把價錢定得太低了，消費者會認為「便宜沒好貨，穿太便宜的衣服會沒面子」，因此，當他無意中把價格抬高10倍的時候，購買者反而會以為價高而貨真，所以大家都蜂擁而至。

猶太商人這種「厚利適銷」的行銷策略是以有錢人作為著眼點的。這是一種巧妙的生意經。講究身分、崇尚富有的心理無論是在西方社會還是東方社會，都很普遍。珠寶、鑽石和金飾價格昂貴，只有富有者才買得起。既然是富裕者，他們付得起，又講究身分，就不會對價格太過計較。相反，如果商品定價過低，反而會使他

們產生懷疑。俗話說「價賤無好貨」，這句話在富有者心中印象最深。猶太商人就是這樣抓住消費者的心理，使厚利策略得到很好的應用。

> **塔木德啟示**
>
> 物美價廉、薄利多銷是一種十分有效的競爭手法，也是一種符合一般消費者心理特點的定價策略。但是，針對掌握絕大部分財富的有錢人來說，行銷手段正應該相反——厚利適銷。

四、關注有錢人的流行趨勢

在經商中,猶太商人的眼光非常獨到。他們發現,世界上絕大多數的財富掌握在為數不多的富人手中,而富人又經常會引領世界的潮流,獨領風騷,所以他們總結出:要關注有錢人的流行趨勢。因為在有錢人中風行的東西,在不久的將來,就會在中產階層中流行開來。即使沒有大錢的人也會因為愛慕虛榮,買些上流階層的人買的東西,以此來顯示自己的高貴。這樣,只靠一樣東西就能賺到多樣錢。

這其中的道理其實非常簡單,介於上流社會與下層社會之間的中產階級,總想進入富人的階層,由於虛榮心的驅使,他們也會去購買富人階級的時髦商品。

而一些生活在下層社會的人士,他們雖然力不從心,消費不起價格昂貴的商品,但崇尚富有的心理,總會驅使一些愛慕富貴的人不惜付出與其身分不符的代價而購買。這樣的連鎖反應,會使昂貴

的商品也成為社會流行品，如金銀珠寶首飾，現在不是已成為各階層婦女的寵愛了嗎？

　　人往往羨慕上流社會的生活，且願意與上流社會接近。上流社會流行的衣飾、運動、口味、風格無疑對一般人有很大影響。

　　因此，猶太商人不僅想方設法賺有錢人的錢，還透過有錢人來引領人們的消費。

　　發源於老百姓的東西雖然來勢兇猛，但是維持的時間較短。而發源於富人的東西，雖然流行得較慢，但是持續時間卻很長，一般從富人普及到窮人至少需要兩年的時間，而在這兩年的時間內，商人一旦把握住流行趨勢，就可以獲得成功。所以，猶太人經常使用的銷售策略是厚利適銷，而不是薄利多銷。而且，他們不用擔心商品會過時，因為即使商品在富人階層中沒有市場了，他們還可以將其推銷給普通大眾，此時，商品在這個人群中仍然有很大的利潤空間。

　　由此可見，猶太商人的「厚利長銷」策略醉翁之意不在酒，他們採取這種做法是為了以後遠大的市場著想。

　　還有一點值得一提，我們銷售的產品，最好是要「奇」貨，是道道地地的新產品，這樣才能滿足這部分消費者的需求。如果你出售的是一些司空見慣、毫無新意的產品，把價錢標得再高也銷不掉，因為有錢人不會重複花錢購買一些過時的東西。

猶太商人認為,「奇貨可居」是經商者採取高額定價的基本原則之一。所謂奇貨,不僅包括新產品、稀有產品,也包括名牌產品。對名牌產品,人們看重的是它的名氣。換句話說,名氣是它們的本錢,而名氣從哪裡來,是靠高價格培養出來的。名牌產品在行銷中採用高額定價法,能夠鞏固名牌的高貴地位,保持特優的身價,維護其至高無上的優勢,賺取的利潤也就相當高了。

　　總之,「越是流行的東西,越是有錢賺。」商人應該將這句話視為賺錢的真理,巧妙地利用人們向上看的心理操縱流行趨勢。另外,人們的需求經常會發生變化,市場也在不斷地發生變化,今天還在暢銷的商品,也許明天就沒有了銷路。擁有時刻關注有錢人流行趨勢的智慧,就是猶太人在商界能夠持續取得成功的原因。

塔木德啟示

商機是瞬息萬變的，能夠把握一種流行趨勢真的很不容易。一個商人要想抓住流行趨勢，就一定要將眼光放在富人的身上，在做任何一筆生意之前，一定要仔細研究，分析市場，還要敢於超越潮流。

五、精於借勢，成就事業

太極的精髓在於「借力打力」「四兩撥千斤」「以柔克剛」，懂得借助他人力量的人，取得的成就常常會超越他人。一個懂得借力的人，講究的策略是後發制人，敵動己不動，甚至在不利的條件下，使自己反敗為勝，永遠立於不敗之地。

可以說，猶太人是精於借勢的最佳代表。不論是在商界還是在科技界的猶太人，普遍都具有善於借助別人之智的本領。

猶太人密歇爾‧福里布林經營的大陸穀物總公司，就是懂得這一道理，才能從一間小食品店發展成為一家世界最大的穀物交易跨國企業。密歇爾不惜花重金聘請具有真才實學的高科技人才來為自己效力，另外，他還引進了先進的通信科技設備，使其公司資訊靈通。他雖然付出了很大代價取得這些優勢，但他借用這些力量和智慧賺回了更多的錢，可謂「吃小虧佔大便宜」。

在猶太人中間，還流傳著這樣的財富故事：

在美國鄉村，有個老頭和他的兒子相依為命。

一天，一個人找到老頭說要將他的兒子帶去城裡工作，老人憤怒地拒絕了這個人的要求。這個人又說：「如果你答應我帶他走，我就能讓洛克菲勒的女兒成為你的兒媳，你看怎麼樣？」老頭想了又想，終於被兒子能當「洛克菲勒的女婿」這件事情說動了。這個人精心打扮後，找到了美國首富、石油大王洛克菲勒，對他說：「尊敬的洛克菲勒先生，我想給你的女兒找個對象。」洛克菲勒說：「快滾出去吧！」這個人又說：「如果我給你女兒找的對象是世界銀行的副總裁呢？」於是洛克菲勒就同意了。最後，這個人找到了世界銀行總裁，對他說：「尊敬的總裁先生，你應該馬上任命一位副總裁！」總裁先生搖著頭說：「不可能，這裡這麼多副總裁，我為什麼還要任命一位副總裁呢，而且還是馬上？」這個人說：「如果你任命的這位副總裁是洛克菲勒的女婿呢？」總裁立刻答應了。

在這個人的努力下，那個鄉下小子不但娶了洛克菲勒的女兒，還成為了世界銀行的副總裁。

這是一個寓言故事，蘇格拉底說過，真正高明的人，就是能夠借助別人的智慧，來使自己不受蒙蔽。那個鄉下小子之所以能成為世界銀行的副總裁，還能娶到克洛菲勒的女兒，就是因為能夠借助他人的優勢。

我們現實生活中的每個人，都應該學習借力使力的智慧。畢竟在競爭激烈的今天，那些實力弱小的人，如果僅憑自己的力量是很難獲得成功的。

一個有智慧的人，總是能發現有利於自身發展的有利資源，並借此為自己開拓更為廣闊的天地。狐假虎威的故事也說明了這一道理。

從前，在某個山洞中有一隻老虎，因為肚子餓了，便跑到外面尋覓食物。當牠走到一片茂密的森林時，忽然看到前面有隻狐狸正在散步，牠覺得這正是個千載難逢的好機會。於是，便一躍身撲過去，毫不費力地將牠擒過來。可是當牠張開嘴巴，正準備把那隻狐狸吃進肚子裡的時候，狡點的狐狸突然說話了：「哼！你不要以為自己是百獸之王，便敢將我吞食掉；你要知道，天地已經命令我為王中之王，無論誰吃了我，都將遭到天地極嚴厲的制裁與懲罰。」

老虎聽了狐狸的話，半信半疑，可是，當牠斜過頭去，看到狐狸那副傲慢鎮定的樣子，心裡不覺一驚。原先那股囂張的氣焰和盛氣凌人的態勢，竟不知何時已經消失了大半。牠想：因為我是百獸之王，所以天底下任何野獸見了我都會害怕。而牠，竟然是奉天帝之命來統治我們的！

這時，狐狸見老虎遲疑著不敢吃牠，知道牠對自己的那一番說辭已經有幾分相信了，於是便更加神氣十足地挺起胸膛，然後指著

老虎的鼻子說：「怎麼，難道你不相信我說的話嗎？那麼你現在就跟我來，走在我後面，看看所有野獸見了我，是不是都嚇得魂不附體，抱頭鼠竄。」老虎覺得這個主意不錯，便照著去做了。

於是，狐狸就大模大樣地在前面開路，而老虎則小心翼翼地在後面跟著。牠們沒走多久，就隱約看見森林的深處，那些原本在覓食的動物大驚失色，狂奔四散。

這時，狐狸很得意地掉過頭去看看老虎，而老虎目睹這種情形，不禁也有一些心驚膽戰，但牠並不知道，其實野獸怕的是自己，而不是狐狸！

這裡，不可否認的是，狐狸是聰明的，牠之所以能得逞，是因為牠假借了老虎的威風。

在現代社會，借力使力無疑是人們出人頭地的途徑之一。當然，借力不僅是要借助他人的力量，而且可以借助他人的智慧、想法甚至是名聲等。

獨木不成林，單打獨鬥並不是明智的方法。那些事業有成的人，除了自身的智慧和能力外，還具有運用借勢的智慧。一個人再聰明，條件再優越，也不是三頭六臂，也需要借助他人的力量。由此可見，一個人要想成功，就應該懂得借勢，而且還要在生活實踐中靈活地運用借勢。

> **塔木德啟示**
>
> 一個善於運用借勢策略的人，常常善於發現當下的機會，或者他人身上的長處，並且能夠加以利用，協調各方之間的關係，讓好的形勢為我所用，借助外力實現自己的目標。

第 3 章

行銷智慧，從情感和心理上打動客戶更易成功

任何一個猶太商人都是精明的推銷員，他們在成為富翁之前，都有著豐富的推銷經驗，他們告訴我們：在行銷活動中，客戶與我們接觸之初，往往會存有一種戒備心理，認為銷售人員是為其自身利益，千方百計地想把產品銷售給自己，因此在與潛在客戶溝通的過程中，我們最重要的任務就是讓客戶信任你。而「動人心者，莫先乎情」，人都是情感豐富的動物，只要你做到以情動人，不吝於關心，那麼準客戶自然相信你！

一、要把握誠信第一的經商原則

　　誠信是市場經濟條件下每個商人都必須遵循的準則。那麼，什麼是誠信呢？在生活中，我們常提到「誠信」一詞，從道德範疇來講，誠信即待人處事真誠、老實、講信譽，言必信、行必果，一言九鼎，一諾千金等。俗話說「以誠待人，人自懷服」，在推銷過程中，我們也只有誠心待人，客戶才會信服；玩弄技巧，客戶就會敬而遠之。因為，很多時候，我們推銷的不僅僅是產品，還有自己的人品，自己的誠信，所以任何欺騙客戶的行為、言辭一旦被客戶發現，就等於給產品、你自己乃至公司抹黑。

　　猶太商人有著過人的經商智慧，強調市場競爭，但他們為人也是十分的誠實和坦率。因為，他們認為市場經濟既是競爭經濟，又是誠信經濟、法制經濟。

　　在商業活動中，猶太人非常講究誠信，他們恪守契約，絕不會違反約定。甚至，有時候他們並不需要簽訂合同，而只需要口頭的

協定，一旦被認可，就會按照約定去完成，正是因為這樣，猶太人素來以重信守約而贏得商界的美譽。

《塔木德》制訂了許多規則，用來約束那些具有欺騙性的商業行為和手段。比如，不能有意地裝扮奴隸，使其看起來更年輕、健壯，更不能把顏色塗在家畜身上欺騙顧客，並且貨主有向顧客全面客觀地介紹所賣商品的品質的義務，如果顧客發現商品有問題，而且這些問題都是事先沒有說明的，則有權要求退貨……雖然《塔木德》形成於世界上大多數民族還處在農耕社會的時期，卻預見了未來社會將以商業和貿易為主的情況，並且闡述了誠信這一原則的重要性，這是極富有先見之明的。

猶太商人從不做「一錘子買賣」，他們更厭惡「打一槍，換一個地方」的這種惡劣行為，為此他們在世界各國給人留下了誠信生意人的印象。

猶太人不但經商有信譽，而且與非猶太人和諧相處，甚至竭盡全力去幫助猶太同胞或非猶太人，他們認為只有誠信相待，才會交上真正的朋友，才不會四面樹敵。

然而，在現實生活中，我們可以看到一些推銷人員為了達到推銷成功的目的，採用哄騙的方式讓客戶提貨，有的推銷人員甚至只是承諾如何如何，開出空頭支票，結果卻不兌現承諾解決問題，引起客戶不滿，最後影響銷售。因而，銷售人員在工作中應誠心對待

客戶，找到客戶需求，在維護企業利益的同時站在客戶立場上考慮問題，誠心為客戶服務幫助客戶，不能急功近利，要實事求是，說到做到，讓客戶感受到你的誠心，只要堅持這樣，不久後客戶就會理解你、尊重你，最終轉變為積極主動地配合，讓你實現銷售產品的最終目的。

曾經有一家國際性的大公司招聘銷售總監，來了很多在銷售行業經驗豐富的老手，而一個剛踏入社會的年輕人因為沒有找到工作，也來碰碰運氣。

輪到他時，主考官問道：

「幹過推銷嗎？」

「沒有！」年輕人答道。

「你知道銷售員工作的目的是什麼？」

「讓客戶瞭解產品，從而心甘情願地購買。」年輕人不假思索地答道。

「你打算怎樣跟推銷對象展開談話？」

「『今天天氣真好』或者『你的生意真不錯』。」主考官點了點頭。

「你有什麼辦法把打字機推銷給農場主？」

年輕人稍稍思索一番，不疾不徐地回答：「抱歉，先生，我沒辦法把這種產品推銷給農場主。」

「為什麼？」

「因為農場主根本就不需要打字機。」

主考官高興地從椅子上跳起來，拍拍年輕人的肩膀，興奮地說：「很好，你通過了，我想你會出類拔萃的。」

此時，主考官的心裡已經認定這個年輕人將會是一名優秀的銷售員，因為最後一題，只有這個年輕人的回答讓他滿意，以前的應聘者總是會胡亂編造一些方法，但實際上這些方法絕對行不通，因為誰願意買自己根本不需要的東西呢？

銷售人員最重要的是講誠信，情境中的年輕人之所以能在考試中脫穎而出，贏得考官的好感，就是因為他足夠誠實。從事推銷工作，只有做到講誠信，才能讓客戶信任，因為只有講信用的推銷人員，才會有責任心，並將客戶的利益放在心上，也才會做到前後一致、言行一致、表裡如一。相反，如果推銷人員不講信用、前後矛盾、言行不一，客戶無法判斷他的行為動向，也就不願意和這種銷售人員進行交往，銷售員也賣不出產品。

因此，誠信是成功進行推銷的一個基本因素，沒有人願意和不講信用的人打交道，更談不上建立交易關係了，所以銷售人員在進行口才展示時，務必要注意這一點，要不斷地去表達「信用」，強調「信用」，特別是在熟悉的客戶面前，更不能遺忘這一點。

對客戶說謊是銷售的天敵，它會致使你的銷售無法長久進行，

只有以誠信賣產品,才會贏得客戶的信任。因此,我們在面對競爭時,要用客觀的態度去評論,讓客戶感受到你的誠心。

那麼,怎樣才能做到誠實守信呢?

1. 真誠地和客戶交談

真正的口才,並不是口若懸河、滔滔不絕。在與銷售人員初次接觸的時候,客戶一般都會對銷售員心存芥蒂,銷售員越是想表現自己,越會讓客戶覺得可疑。其實,你不妨只用少量的話語誠懇、清晰地表達你的觀點,誠實、中肯的話能讓客戶感覺到你是一個可信之人。

2. 誠實對待客戶

在銷售行業中,一個出色的銷售員並不是完全靠口才堆積成績的,而是靠信譽,靠人品。在如今企業用人的標準中,品德第一,能力才是第二。銷售員在推銷產品時,一定要從客戶需求和利益的角度出發,真誠地為客戶服務,絕不能欺騙客戶,更不能有半點虛假或者誇大其詞。

3. 指出產品的缺陷或不足

任何產品都不可能十全十美,只是有些缺陷或不足會對客戶造

成困擾和影響，有些不足則可以忽略。銷售員在推銷產品的時候，一定要誠實地跟客戶講清楚產品的缺陷或不足，不然等到客戶找上門追問的時候，就不好回答了。

塔木德啟示

在行銷中，推銷人員只有盡自己的能力來做好工作，並誠實守信、實事求是地對待客戶，才能更加順利地與客戶溝通，贏得客戶的信賴。

二、把顧客的反對意見搶先提出來

在銷售過程中，客戶總是存在這樣那樣的疑慮，而這正是阻礙成交的最大障礙之一。這也是有原因的，有些銷售員為了多賣出產品，總是報喜不報憂，把產品吹噓得趨於完美，甚至刻意隱瞞產品或者服務的缺陷：你銷售的化妝品明明是由工業化學物質製成的，你卻說是天然成分；你負責銷售的電腦輻射明明很大，你卻說這一輻射是行業裡最小的；交貨日期明明最起碼需要一個月，你卻說只要二十天……這樣的說法，並不會取得客戶的信任。客戶遲早會發現你的「伎倆」，從而給你未來的銷售造成障礙。實際上，客戶的一些疑慮我們完全是可以預防的，如主動提出客戶的疑慮，把可能出現的問題「晾」出來。這樣就等於給客戶吃了一顆定心丸，從而對我們產生信任。

因此，猶太商人認為，應該事先把客戶擔心的問題想出來，然後在客戶提出問題之前搶先一步指出，並給出解決辦法，這會讓客

戶感受到你確實在為他著想。

猶太人馬祖茲早期從事的是日常家用品的推銷工作，其中就包括壓力鍋，因此他的主要客戶是那些家庭主婦。

一般來說，這些主婦購買前都會擔心壓力鍋的安全問題，馬祖茲當然知道這一點，所以在介紹完產品後，就立即會說：「現在你可能會問，它的壓力會不會太大。這個你完全不必擔心，因為這個安全閥門的作用正是防止壓力過大的。」

馬祖茲首先把客戶擔心的問題說了出來，然後再加以解決，消除人們的顧慮。他認為推銷員不應該讓顧客對一些根本不存在的問題感覺到擔憂。

除了馬祖茲外，很多猶太商人在致富之前都是從事推銷工作的，而在推銷活動中，他們都懂得先將客戶的問題提出來，並把它作為你的論點，妥善處理好，以此來獲得客戶的信任。

好的銷售還可以這樣做：

1.「晾」出產品優點，讓客戶主動說「是」

小齊是一名供暖設備的推銷員。一次，他要將一批供暖設備推銷給某假日酒店，雖然客戶對他的產品很感興趣，但卻對真正下單有所遲疑。小齊知道問題是出在了價格上，於是他主動提出：「王總，我明白，可能您覺得我們的產品貴了些，這一點我也承認，但

在剛才我給您演示產品的過程中，您也看到了，我們的設備完全是一套節能環保型的設備，這是其他任何供暖設備所不能做到的，不久之後將會為貴酒店帶來很多可觀的收益……」小齊說完後，對方連連點頭，最後順利簽了約。

銷售員小齊之所以能成功地說服客戶購買，就在於他能在客戶提出價格異議前，主動告訴客戶產品「貴」的原因。這樣，客戶打消了「購買產品會吃虧」的疑慮，自然會選擇購買。

銷售過程中，最具說服力的勸服技巧無非是讓客戶自己承認產品的優良和服務的到位，讓客戶在拒絕之前先說「是」，比如，你可以對客戶說：「××先生，您應該知道向來我們的產品都比A公司的產品價位低一些吧？」

當然，若銷售員想讓客戶肯定某些銷售情況時，必須要對該情況有十足的把握，不能讓客戶抓住把柄。

2.「晾」出產品不足，讓客戶感受到你的誠實

一家醫院和一間藥廠合作了很多年，可是突然決定不再使用那間藥廠的產品了。原來，藥廠的一位銷售員到醫院去向醫生介紹一種治療風濕病的藥時，對那位醫生說：「張醫師，只要有了這種藥，保證你們醫院所有的風濕病人都可以被治好。」

醫生聽後很生氣，說：「你還真敢吹牛。把我當笨蛋啊，風

濕病是無法根治的,以後我們醫院再也不用你們廠的藥了,你走吧。」這個銷售人員的不誠實,影響了整個藥廠的生意。

如果這位銷售員能夠實實在在地說明他們藥物的作用,如「張醫師,我們透過大規模的實驗證明,這種藥物對絕大部分的風濕患者能有效減輕症狀,這裡有一份報告,您可以看一下。」或許,那位醫生還可能考慮一下。而他所誇大的事實正好是醫生的專業所在,怪不得醫生會生氣了。

而現實銷售中,我們可能經常對一些銷售前輩們的做法感到不解:為什麼他們會主動向客戶透露一些產品的缺點?這樣做不等於趕走生意嗎?其實,這些銷售前輩們的做法才是正確的。因為,任何一個客戶都明白,沒有產品是完美無缺的,如果我們一味地只提產品的優勢,而掩蓋產品的不足,反而會引起客戶的更多疑慮甚至反感。「不打自招」則會打消客戶的疑慮。

每一個銷售員都應該明白:誠信是維護友好客戶關係的根本,只有以誠實的態度和懇切的心情去與客戶打交道,才能擁有更多客戶,銷售工作才能更好地進行下去。

3. 巧妙地告訴客戶真相

我們給客戶吃定心丸,告訴客戶某些產品的缺陷和不足,也是需要講究技巧的。告訴客戶產品的真實情況,並不是說,銷售員要

將所售產品的問題簡單地羅列在客戶面前。如果銷售員冒冒失失地將產品的某些缺陷告訴客戶，客戶可能會因為接受不了這些缺陷而放棄購買。如果銷售員掌握一定的技巧，不僅可以贏得客戶的信賴，而且還可以更有效地說服客戶，使客戶產生更加積極地反應。比如，你可以強調產品其他方面的優點，許多時候，當你運用恰當的技巧誠懇地解釋清楚箇中原委時，明理的客戶不但不會產生情緒，反倒會被銷售員的誠實可信所打動。

> **塔木德啟示**
>
> 推銷過程中，我們必須明白，真正的銷售技巧，就是要讓客戶長期的信任你，為此銷售員有時候不妨主動透露一些產品的問題，給客戶吃顆定心丸，防止客戶顧慮過多。

三、推銷不能以貌取人

我們都知道,客戶是否具有購買能力是判斷其是否能成為我們的準客戶的一個重要方面。客戶有購買需求、有購買權,但是沒有購買能力,我們依然無法成功地推銷出產品。因此,在推銷前,我們就應謹慎行事,在大型的購買活動中,要提前瞭解客戶的經濟水準和購買力,在確認你的潛在客戶有這方面的預算後,還要對其一貫的信譽進行一番考察。但是,我們一定要記住一點,對於客戶的購買能力不可妄下斷言,更不能以貌取人,傷害客戶自尊,最後導致生意流失。

在這一點上,猶太商人提出,在推銷中,不要輕易對人下結論,優秀的推銷員應該懂得,顧客沒有高低貴賤之分,不要以貌取人,這點在推銷領域中很重要。

很多猶太商人在致富之前,都從事過推銷工作。他們認為,推銷能否成功,關鍵因素在推銷員自身。每個客戶都希望自己被重

視、被關懷,所以如果推銷員能讓客戶感受到這些的話,客戶是願意接受你、感激你並購買你的產品的。每一位精明的猶太人都明白,無論上門的是怎樣的客戶,都應一視同仁,而不是以貌取人,這樣才能廣結善緣。

誠然,在一般情況下,人們的收入狀況和經濟水準,在一定程度上是可以從其穿戴打扮上看出來的。穿戴服飾質地優良、樣式別致的客戶,應該有較高的購買能力。而服飾面料普通、樣式過時的客戶大多購買力水準較低。

一般情況下,推銷員可以透過觀察客戶的服飾打扮,知道客戶的職業、身分及購買力水準。然而,這並不是萬無一失的,要知道並不是每個人都注重穿著打扮,一些穿著並不是十分耀眼的客人也可能購買力驚人。

一天上午,某汽車經銷店來了一位打扮不入時的先生。店內的推銷人員對這位先生上下打量了一番後,大都不想主動上前為其服務。只有銷售員陳瑩走過去主動和客戶打了招呼:「先生您好,我是這家店的銷售員陳瑩,很高興為您服務。」為了不打擾顧客看車,在做完自我介紹後她就在一旁觀看,並未出聲。

就這樣,這位先生一個人在店內閒逛,一會兒說這輛車車價太高,一會兒又說那輛款式不漂亮。然而,看到一旁的陳瑩,他說:「我今天只是隨便看看,沒有帶現金。」

「先生，沒有問題的。我和您一樣，有很多次也忘了帶。誰也不會身上隨時帶著很多現金，您儘量看，有什麼問題可以隨時問我。」

「好的，謝謝你。」然後，稍微停頓一會兒，陳瑩觀察到客戶有種脫離困境、如釋重負的感覺。陳瑩想：他是真的沒帶錢，還是沒有購買能力呢？於是，陳瑩決定大膽地試探一下顧客。

「先生，您有中意的車嗎？」

「那輛奧迪不錯。」

「是的，您的眼光不錯，這輛車最近賣得很好。」

「是嗎？可是，能分期付款嗎？」這下子，陳瑩明白了，原來顧客是擔心價格和付款的方式問題。於是，陳瑩說：「當然可以，您現在就可以與我們簽約。事實上，您不需要帶一分錢，因為您的承諾比世界上所有的錢更有保障。」

接著，陳瑩又說：「就在這兒簽名，行嗎？」等他簽完後，陳瑩再次強調說：「您給我的第一印象很好，我知道，您不會讓我失望的。」

結果確實沒令她失望，第二天，這位顧客就帶了訂金開走了那輛車。

這則銷售案例中，銷售員陳瑩之所以能夠輕鬆推銷出去這輛車，是因為她和其他銷售員不同，面對打扮不入時的客戶，她沒有

以貌取人。並且，最可貴的是，她敢於主動試探顧客，從而讓客戶自己道出了購買的顧慮——希望分期付款。

的確，客戶的購買能力是決定客戶是否能完成購買的關鍵因素之一，如果客戶沒有經濟實力，即使他們的需求再強烈，也不會購買。對於這類顧客，如果我們「糾纏不休」，不僅浪費時間，還會招致顧客的厭惡。但有些銷售員在遇到一些類似於徘徊於汽車店內的顧客時，總是會以貌取人，並妄下斷言：光看不買，一定是買不起。這也是不正確的。因為，也有一些客戶更相信自己的眼光，需要多項選擇。

因此，即使遇到了一些穿著不入時的顧客，我們也應和案例中的這位汽車銷售員一樣，主動出擊，巧妙地探問。

塔木德啟示

顧客就是上帝，而上帝是沒有高低貴賤之分的，所以銷售人員要對每一個客戶都同樣熱情，而不能以貌取人，也不能戴著有色眼鏡看人，否則會讓客戶產生反感，讓生意流失。

四、嫌貨才是買貨人

　　銷售員在與客戶談判的過程中產生異議，這是很常見的一種現象，猶太商人福洛姆曾經說過：「在推銷的任何階段，或對於商品的任何方面，顧客都可能提出異議。經驗告訴我們，顧客沒有提出任何一點異議就達成交易的情況是極少的。我們應該明白，嫌貨才是買貨人。」可見，對產品或者價格有異議的客戶才是你的準客戶。但在銷售前，我們要事先揣測客戶可能產生的異議，以及產生這種異議的原因。這樣，在整個談判過程中，我們就能有意識地去消除這些異議。

　　由於馬先生的良好經營，他的水果店每天生意興隆。早上打開店門，馬先生就會先把那些外觀漂亮的水果揀出來，單獨放在一邊，價格定得高一些，而那些在外表上稍微差一點的同類水果則定價較低。

　　一天，他遇到這樣一位難纏的顧客。「你的水果也不怎麼樣

啊，1斤1塊錢嗎？」這個顧客拿著一個水果仔細地端詳起來，還敲了敲，看看水果到底怎麼樣。

「呵呵，您放心，我的水果不能說是最好的，但也是這一帶比較好的。您不信，可以和別家的比較。」馬先生滿臉堆笑，不疾不徐地說。「太貴了，8毛賣不賣？」

馬先生還是笑咪咪地說：「先生，我要是1斤賣你8毛錢的話，那之前買的那些人豈不是買虧了，而且我這已經是最低價了，周邊幾家水果店賣的都貴些，您也可以去問問。」

不管顧客是什麼態度，馬先生一直保持著微笑。最後這位顧客還是被馬先生的態度折服了，以1斤1元的價格買了好幾斤。

「嫌貨才是買貨人啊。」馬先生感慨地說。

「嫌貨才是買貨人」，因此，我們要對挑剔的顧客保持良好的態度。因為，挑剔，從客戶的角度出發，才能更好地弄清楚問題所在。如果商家能合理地去幫助客戶解決問題，就會獲得客戶的認同，促成交易。

很多銷售人員往往會因為客戶各種各樣的問題而束手無策，最終只能知難而退，放棄推銷。其實，是否能用正確的方式回應客戶的異議，正體現了一個銷售人員的水準。常見的異議有以下兩種，我們可以根據不同的情景，用不同的方式回應我們的客戶：

1. 客戶總是說你的產品不如競爭對手

這正是案例中的情況,的確,面對這種情況,剛從事銷售行業的新手,會感到很棘手。其實大可不必這樣,你應該向客戶核實事實,然後採取相應的對策解決這一誤會,你可以這樣回答:

「是嗎?很好,能從朋友那裡購買,肯定是信得過的產品,你們一定關係很不錯吧!」(稍微停頓一下)

對於這樣的回答,可能有些善於言論的客戶會從容應付過去,但一般客戶會這樣說:「哦!大概是這樣子的吧!好多年了!」或說:「叫我怎麼說呢?」或說:「你管太多了!我的朋友與你有什麼關係啊!」

這樣,我們就能看出對方只不過是在說拒絕的託詞。此刻,你可以說:「這個請您做參考好嗎?」一邊拿出產品說明書、圖樣來給他看,或一邊操作示範機器;同時,繼續勸導客戶,但客戶如果一點也沒有改變心意時,推銷員必須想辦法做個長期計畫,先慢慢成為客戶的朋友,再逐步進行推銷事宜。

2. 客戶對目前的供應商很滿意

當客戶說「目前我們的供應商就已經很好了」時,可能有些銷售員會認為這種銷售瓶頸根本無法突破。事實上並不是這樣,因為雖然客戶對目前的供應商已經很滿意,但這並不代表當前供應商的

產品和服務是最好的。此時，如果你能讓客戶繼續說下去的話，其實也很容易找到突破口。你可以給客戶先派送樣品或嘗試性的訂單，向客戶展示能證明你的產品價值的東西。

(1) 針對問題具體分析。任何問題的出現都是有理由的，客戶拒絕銷售員也是一樣。客戶滿意現在的供應商，說明此供應商的產品品質和服務態度都讓客戶滿意，這是為什麼客戶與供應商合作這麼長時間的原因，也是客戶為什麼拒絕銷售員的原因。找出這一原因後，銷售員就能逐步解決這一難題了。

(2) 讓客戶瞭解產品的優勢。以推銷版面為例，銷售員可以為客戶算一筆經濟帳：「張經理，您可能也知道，我們這個版面在全國的發行量都是相當大的，因此貴些，可是如果您在其他小報上做幾個廣告，這些小報合起來的發行量還不如我們一家報社，但費用卻高多了，您說哪個划算呢？」

(3) 強調產品能給對方帶來的利益。客戶購買產品，前提是希望產品能給自己帶來利益，因此只要銷售員懂得在這方面多下功夫，客戶一般都會心動。

五、把話說到客戶心坎裡

我們都知道，人是有感情的動物。對於推銷員而言，如果我們能對客戶關懷備至，句句話都能說到客戶的心坎裡，那麼我們便能輕易地感動他們，與客戶建立深厚的情誼。一旦彼此之間有了感情，我們還怕客戶不購買我們的產品嗎？猶太商人認為，在經商的過程中，如果能夠充分瞭解別人的立場，就能夠在生意場上獲得成功。正如一位猶太商人說的：「我們必須拋開銷售的問題，先從對方的立場考慮問題，把話說到對方心裡去，才能建立心理上的認同感，讓顧客充分信任你，同時也能夠讓他敞開心扉接受你的訊息。」

猶太人喬‧吉拉德被譽為世界上最偉大的推銷大師，他認為，賣汽車，人品重於商品。一個成功的汽車銷售商，肯定有一顆尊重普通人的愛心。吉拉德的愛心體現在他的每一個細小行為中，正是這些許許多多細小的行為，為他創造了空前的效益，使他最終取得

了輝煌的成就。在喬‧吉拉德的推銷生涯中，有這樣一次推銷經歷：

有一次，一位中年婦女看中了她表姊的那款白色福特車，於是自己也想買一輛。但福特車行的推銷員因為有事沒時間接待她，讓她一小時後再去。所以，她就走進了喬‧吉拉德汽車銷售店，順便打發一下時間。

剛一進店，她就受到了熱情的接待，迎面就是喬‧吉拉德熱情的問候：「歡迎您，夫人。」

婦女興奮地告訴他：「今天是我55歲的生日，想買一輛白色的福特車作為生日禮物送給自己。但對面福特車行的人有事，叫我一個小時後再過去，所以我就先到你們這裡來看看了。」

「夫人，祝您生日快樂！」喬‧吉拉德熱情地祝賀道。隨後，他輕聲地向身邊的助手交代了幾句。

喬‧吉拉德跟夫人邊交談邊陪她在車行裡觀賞。當來到一輛白色雪佛蘭車前時，他說：「夫人，您對白色情有獨鍾，瞧這輛雙門式轎車，也是白色的。」

就在這時，助手走了進來，把一束玫瑰花交給了喬‧吉拉德。喬‧吉拉德把這束漂亮的花送給了那位夫人，再次對她的生日表示祝賀。夫人感動得熱淚盈眶，非常激動地說：「先生，太感謝您了！已經很久沒有人給我送過禮物了。剛才，那位福特車的推銷員

看到我開著一輛舊車，一定以為我買不起新車，所以在我提出要看車時，他就推辭說需要出去收一筆錢，我只好上您這兒來等他。現在想一想，我也不是非要買福特車不可。」

最後，她在喬·吉拉德這兒買走了一輛雪佛蘭轎車，並簽了張全額支票。

面對一個送上門的客戶，作為汽車銷售商的喬·吉拉德從頭到尾都沒有勸她放棄福特而買雪佛蘭，也並沒有對自己的商品誇誇其談。他只是憑著對客戶的尊重和愛心打動了她，使她放棄了原來的打算，轉而選擇了吉拉德的汽車。

可見，銷售員可以以朋友的心態來面對客戶，多站在客戶角度想想問題，考慮客戶的利益以及客戶的想法。可能客戶一次兩次不能接受自己，但只要我們是真誠的，總有一次能打動對方，真心付出總會有收穫的。

善辯的不一定就是優秀的銷售員，銷售員與客戶結緣，也用不上什麼高深理論，最有用的可能只是那些最微不足道、最無聊甚至十分可笑的廢話，但這些話只要能說到客戶的心坎裡，就能打動客戶，產生積極的效果。只有當客戶瞭解到你是多麼關心他們時，他們才會在乎你。

為此，你可以這樣推銷：

1. 從情感上關心客戶

日本著名的保險銷售達人山田正皓接受一家雜誌的訪問時說：「與客戶接觸時，一走進門，要讓客戶感覺舒服，而不要讓其感覺到壓力，他們就會和你建立長期的業務關係，他們會逐漸喜歡上你、信任你。這個原則年復一年跟隨著我，成為我開展銷售業務的基石。你先別管任何其他的技巧，也不要去嘗試說服他們。你只要想辦法讓客戶覺得和你在一起很舒服，喜歡並且信任你，讓他們覺得你是來為他們提供服務的，而不是來賣東西的就行了。」

山田正皓在銷售過程中總是竭盡全力地鼓勵和關心客戶，使客戶感到溫暖，把他當成知心的朋友，這對他的銷售工作起到了積極的作用。20幾年來，他因業務關係結識的朋友超過數千人，而且大部分都保持著聯繫，這為他的銷售工作產生了不可估量的推動作用。

2. 以同理心換位思考

一般來說，當客戶心中不悅時，對於我們的推銷會採取拒絕的態度。當聽到客戶的拒絕，你不應先想到責怪客戶的不通人情，而是要幫客戶編一則心情故事。或許他週末沒休息好，所以跟我說改天再說；或許他剛被老闆罵，心情不太好；又或者⋯⋯

總之，不要先想客戶的不對，而是先站在客戶的立場，幫他編

一個理解他的心情故事，好好體會，品嘗人間百態，這不也是一種銷售的收穫嗎？

這就叫作同理心，通常你以這樣的心態和客戶交流，客戶會覺得你是個值得託付的人，會把你當朋友看待。當客戶對你傾訴的私人故事越多時，那你離銷售的成功也就越近。

3. 真正關心你的客戶

(1) 千萬不要撒謊，謊言是致命的。

(2) 珍惜客戶的時間。

(3) 銷售中，如果你對自己的產品介紹有誤，就要大膽承認，否定只會讓客戶對你產生質疑，影響信任度。

(4) 多為客戶考慮，不僅要滿足客戶表面要求，而且要為客戶提供深層次的想法和意見。

(5) 永遠不要否定你的客戶。

(6) 理解你的客戶，他是繁忙的，他的工作壓力來自各個方面，他也有很多工作和生活中的煩惱。

(7) 讓你的客戶感受到來自你的尊重，讓他在同事或者上司面前有面子。

(8) 學習你客戶的業務。

(9) 如果你對客戶的業務不熟悉，就不要不懂裝懂，對於不懂

的問題，不妨直接問他，他會喜歡與別人談論他的業務的。

⑽ 保持熱誠的態度，情緒不要激動，你要穩重並有做生意的樣子，冷靜地工作。

當然，在與客戶溝通的過程中，要讓客戶感覺到你的關心是真誠的，客戶是不願意和一個虛偽狡詐的人溝通的。因此，銷售人員說話一定要恰如其分，符合自己的身分，不然就會引起客戶的反感。

塔木德啟示

在推銷的過程中，如果你能夠站在對方的立場上為他著想，那麼對方就可能會被你的這種精神所感動，也會反過來考慮一下你的立場。這樣，在不知不覺中，你們在感情上便達到了共鳴，對方自然也就樂意接受你的意見。

第 4 章

隨時捕捉機會,別讓任何一個商業機遇從身邊溜走

我們都知道世代為商的猶太人以才思敏捷聞名,善於判斷並富有冒險精神。他們無論到哪裡,都能找到發展生意的契機,而且一旦發現了突破口,哪怕只有1%的希望也絕不放棄。猶太商人常常嘲笑那些不善於把握機遇的人,並斷言這樣的人終究難成為鉅賈。 同樣,生活中的人們,如果你也渴望成功、獲得財富,渴望出人頭地,渴望闖出自己的一片天地,那麼你也應該抓住機遇,甚至在沒有機遇時要懂得製造致富的機遇,並精心策劃每一步,進而最終實現你的財富夢!

一、別猶豫,有機會時果斷出擊

在現代社會中,機遇對於商人的重要性已經毋庸置疑,只有盡可能地做獨家生意,你才能獨佔鰲頭、賺到財富。猶太商人們時常這樣告誡自己:「抓住好東西,無論它多麼微不足道;伸手把它抓住,不要讓它溜掉。」

《塔木德》中也有講機遇的,是這樣說的:「機遇是一個美麗而性情古怪的天使。她倏爾降臨在你的身邊,如果你不太注意的話,她就又將翩然而去。」

猶太人相信,任何機會都不會自動降臨,它總是屬於有頭腦、有行動、有準備的人。機遇,是瞬間的命運。正是因為猶太人深刻地認識到這一點,他們才能成為最富有的人。當別的民族還在為腦海中的一個想法是否應該實施而糾結的時候,猶太人已經著手做了,他們總是能先人一步,所以他們總是能獲得財富的垂青。

機遇來臨時我們常常需要做抉擇——施行或者不施行,我們總

是試圖透過精確的思維，獲得我們最想要的結果。但實際上，很多時候過多的思考只會導致我們瞻前顧後，不敢行動。成功的機會在「做」與「不做」之間流失了，留下的只有遺憾。正如一位作家所說：「世界上最可憐又最可恨的人，莫過於那些總是瞻前顧後，不知道取捨的人，莫過於那些不敢承擔風險，徬徨猶豫的人，莫過於那些無法忍受壓力，優柔寡斷的人，莫過於那些容易受他人影響，沒有自己主見的人，莫過於那些拈輕怕重，不思進取的人，莫過於那些從未感受到自身偉大的力量的人，他們總是背信棄義，左右搖擺，自己毀壞了自己的名聲，最終一事無成。」

但是現實生活總不乏這樣的人，他們渴望獲得財富，渴望獲得一番成就，但他們想得多，行動得少。他們在準備實踐的時候，總是考慮這個考慮那個，最終錯失時機，後悔莫及。最後能成功的並不是那些嘴上說得天花亂墜的人，也不是那些把一切都設想得極其美妙的人，而是那些腳踏實地去幹的人。

一個窮小子和一個富家小姐相識並相愛了，但是他總覺得兩人的身分不太匹配，所以不敢過於表現自己的熱情。有一天，這個年輕人很想到他的戀人家裡去，找他的戀人出來，一起消磨一個下午。但是，他又猶豫不決，不知道他究竟應不應該去，恐怕去了之後，會顯得太冒昧，或者他的戀人太忙，拒絕他的邀請。他左右為難了老半天才勉強下了個決心，坐上一輛三輪車去了。

車子終於停在他戀人的門前了，他雖然已經開始後悔，但既然來了，只得伸手去按門鈴。現在，他只希望來開門的人告訴他：「小姐不在家。」他按了第一下門鈴，等了3分鐘，沒有應門，他勉強自己再按第二下，又等了2分鐘，仍然沒有人應門。他如釋重負地想：「全家都出去了吧。」

　　於是，他帶著一半輕鬆和一半失望回去了。心裡想：這樣也好，但事實上，他很難過，因為他又失去了一個與戀人相聚的機會。

　　你能猜到他的戀人當時在哪裡嗎？他的戀人就在家裡，她從早晨就盼望這位先生會突然來找她，帶她出去消磨一個下午。她不知道他曾經來過，因為她家門上的電鈴壞了。

　　故事中，這個年輕人如果不那麼瞻前顧後，如果他像別人有事來訪一樣，按電鈴沒人應聲，就用手拍門試試看的話，他們就會有一個快樂的下午了，但是他並沒有下定決心，所以他只好徒勞往返，讓他的愛人也暗中失望。

　　我們不得不承認，一些人雖然能力出眾，但卻容易瞻前顧後。他們之所以瞻前顧後，是因為他們希望做到面面俱到，但是如果一個人試圖面面俱到，那麼是抓不住事物的本質的。瞻前顧後的習慣會使人喪失許多機遇。很多時候，如果我們能橫下心去做一件事情，結果就會大不相同。

一位某公司經理,他有一個特點,就是意志堅定,往往在別人還在他旁邊嘮嘮叨叨地敘述事情如何困難的時候,他已經把他的辦法拿出來了,乾淨俐落,絕不拖泥帶水。

一般人很少擁有他這種明快果決的本領,當我們被問題所困擾時,總是太容易被周圍人們的閒言碎語所動搖,瞻前顧後,患得患失,以至於給外來的力量輕易左右我們的機會,誰都可以在搖晃不定的天平上放下一顆砝碼,隨時都有人可以使我們變卦,結果弄得別人都是對的,自己卻沒有主意。這是我們成功途中的一個最大的障礙。

不得不承認,任何一個人能成功,都有他們自己的秘訣,但其中共同的秘訣就是,他們從不放過一絲的機會,當機遇來臨時,他們會想盡辦法抓住。

林建岳是香港一位赫赫有名的年輕企業家。在他寬敞的辦公室裡,獎盃、獎狀陳列得金碧輝煌,充分顯示出主人不凡的經歷。事實也的確是這樣,做了3年香港足球隊領隊的林建岳,該捧的獎盃全都捧到了手,甚至人們想不到的他也做到了。

林建岳不僅在球場上縱橫捭闔,他的企業也經營得十分成功。他經營的麗新集團以「迅雷不及掩耳」的不還價策略,高價買入舊紐約戲院的地盤。後來,他又相繼購入了紐約戲院對面鑽石酒家舊址等多處地盤。後來,這些黃金地段的地價翻了很多倍,為林建岳

帶來了滾滾財源。不久後，林氏集團又投資成為亞洲電視的大股東……林氏集團因此在社會上的知名度大增。在回顧自己的發跡史時，林建岳說：「紐約戲院的地皮不會有第二塊，電視台也不會時時都有得買，必須把握這只有一次的機會。」

既然是決策，就是決定性的、不可輕易更改的，就算可能會出現失誤，也總比凡事拿不定主意、瞻前顧後來得更好。

在現實中，機遇和危險通常是並存的，我們不可因為危險的存在而戰戰兢兢，只有非凡的勇氣才能鑄就非凡的成就，只有擁有破釜沉舟之心，才能全身心投入，激發自己的潛力，也才能搶佔市場先機、獲得財富！

> **塔木德啟示**
>
> 猶豫是獲得成功的大忌。那些總是瞻前顧後的人，會平白失去很多機會。要想致富，就要有拋卻一切顧慮的勇氣，心動不如馬上行動，別等到機遇離去時才感到惋惜。

二、不冒險，怎能抓住機會

　　在今天開放的全球化世界中，事情的隨機性和偶然性越來越大，未來往往變幻莫測，難以捉摸。在如此不確定的環境裡，勇氣就成了最寶貴的資源。人這一生最可悲的不是沒有能力，而是沒有勇氣。當機遇一次次擦肩而過時，如果沒有勇氣去抓住，那麼其他方面再怎麼強也沒有用。相反，如果有了足夠的勇氣，哪怕自己的條件比不上別人，那麼成功的機會也會比別人更多。

　　在生活中，無論你失去什麼，都不能失去勇氣，勇氣是你走進目的地的鑰匙。但這並不是說你可以盲目冒險，培根曾說：「我們要時時注意，勇氣常常是盲目的，因為它沒有看見隱伏在暗中的危險與困難，因此勇氣不利於思考，但卻有利於實幹。所以，對於有勇無謀的人，只能讓他們做幫手，而絕不能當領袖。」

　　猶太人被世人公認是非常精明並且敢於冒險的一族，正是兼備了這兩種品質，他們才能解決遇到的危機，抓住一瞬即逝的機會。

猶太商人約瑟夫曾經投資一家小型保險公司，但誰知道突然遇到了城市大火災，許多投資人心慌意亂，都紛紛把自己的股份賣了。但約瑟夫卻劍走偏鋒，買下了所有的股份。

這的確是一場大的賭博，但事實證明，他是有眼光的。就在完成理賠後，這家公司的信譽變得出奇地好，很多新的客戶很放心地在他這投保，約瑟夫由此也發了大財。

在不少猶太人看來，每一次風險都隱藏著許多成功的機會，風險越大，生意也越大，只有敢於冒險的人，才會贏得財富。

在外人看來，約瑟夫的做法是冒險的，但約瑟夫並不是有勇無謀，而是掌握了人們對保險這一行業的心理。

法國作家拉伯雷曾說：「不敢冒險的人既無騾子又無馬，過分冒險的人既丟騾子又丟馬。」這句話的含義是，我們每個人都應該有冒險精神，但絕不能盲目冒險。每個人都應該學會解放自己，解放思想，做到敢為人先。正如石油大王洛克菲勒所說的：「想獲勝必須瞭解冒險的價值，而且必須有自己創造運氣的遠見。風險越高，收益越大。」

成功需要冒險，維持現狀只能陷於平庸。洛克菲勒在給小約翰的信中提到這樣一件事：

1936年11月2日，在美國賭場出現了一位傳奇的人物，他一天之內在賭場贏了一大筆錢，即將成為一位富人。他的名字是大衛．

莫里斯，與美國獨立戰爭時期的財政總監、費城商業王子羅伯特‧莫里斯先生同姓。他剛剛在賭場上交了好運，贏了一大筆錢，就在報紙上登出了自己的人生格言：好奇才能發現機會，冒險才能利用機會。

洛克菲勒說，自己一向對賭徒不以為然，但對於這位莫里斯先生，他不得不佩服，甚至他曾對自己的朋友提及，這位莫里斯先生一旦投身商界，他一定會成為一位優秀的商人。

「沒有維持現狀這回事，不進則退，事情就是這麼簡單。我相信，謹慎並非完美的成功之道。不管我們做什麼，乃至對待我們的人生，我們都必須在冒險與謹慎之間做出選擇。而有些時候，靠冒險獲勝的機會要比謹慎大得多。」

其實，洛克菲勒是推崇冒險的，他從農產品行業轉到煉油業，就是一次冒險行動，他和自己的合夥人克拉克分道揚鑣，更是一次冒險。

洛克菲勒認為，我們不能一直秉持安全第一的原則，安全不能帶來財富，要想獲得報酬，我們就要學會冒險，學會承擔風險。當然，他還曾說：「如果你想知道既冒險而又不招致失敗的技巧，你就需要記住一句話：大膽籌劃，小心實施。」

在第一次世界大戰期間，法國有位很著名的泰勒上校，處事方式很令人欽佩。

有一次，當他的兒子向他告別時，他告誡兒子說：「孩子，記住：你的姓是泰勒，泰勒這個姓代表著做事能力。你永遠不可以靠邊站，讓出路給其他敢於冒險的人走。你要冒險向前使他們讓出路來給你走。」

接著，他繼續說道：「大街上行人擁擠，交通阻塞。但呼嘯的消防車飛馳而過時，大家都會自動地讓出路來。當然，你偶爾也會感到沮喪、軟弱，但這正是你需要鼓起戰鬥勇氣的時刻。只要你大步向前，沮喪、軟弱都會躲開你。」

勇敢地嘗試，就可以發現新的機會，使你邁進從未進入的領域。生命原本是充滿機遇的，千萬別因放棄嘗試而錯過機遇。

因此，21世紀的人們，你也應該跨越傳統思維的障礙，時時刻刻尋求新的變化，敢於釋放自己、改變自己。當然，要做到敢為人先，你還必須在當下的生活和工作中多加練習。為此，你需要做到：

1. 豐富自己的知識結構以開闊視野

視野是否開闊，是衡量人的綜合素質的重要尺規。而視野開闊與否，取決於知識掌握多少以及思想理論水準的高低。常言道：「學然後知不足。」越是勤於學習的人，越能發現自己的不足，於是會想方設法充實自己、提升自己，學到更多的東西，視野也會隨

之越來越開闊，跟上前進的步伐。

2. 打破現有的安逸假象

一個不願改變自己的人，往往捨不得放棄目前的安逸現狀。而當發覺不改變是不行的時候，他已經失去了很多寶貴的機會。

因此，即使你現在每天衣來伸手飯來張口，你也必須要明白，在未來社會中，你必須要一個人生存、參與社會競爭，你必須要有隨時改變自己、更新自己的觀念。

3. 在心理上超越「不可能」的思想觀念

任何人想要解決問題，都必須在他的思想中超越「不可能」的思想觀念。這樣，問題就不會顯得如此令人畏懼，也會產生更大的信心，深信自己有能力去解決它。

在你進行嘗試時，你難免會產生一種「不可能」的念頭，比如：當你認為自己不能解決某道被別人認為很有難度的數學題時，你就很容易真的找不出方法，此時你必須要從心理上超越它，只有這樣，你才能不被自己的恐懼打敗。

> **塔木德啟示**
>
> 任何成功都源於改變自己，你只有不斷地剝落自己身上守舊的缺點，才能抓住機會，才能使自己進步、完善、成長和成熟。

三、把握瞬間機遇，成就財富人生

中國人常說，「做人要謙遜退讓」，但在競爭激烈的市場經濟下，這種好性格似乎也有不利的一面，因為不主動常常會導致喪失機遇，使人們一次次地與成功失之交臂。在很多情況下，機遇的出現都是轉瞬即逝的。猶太商人認為，只有把握瞬間的機遇，才有可能實現你的財富夢。

《塔木德》上有兩句經典的話：「愚者錯過機會，智者把握機會；弱者等待機會，強者創造機會。」在猶太人看來，不能放棄任何一個哪怕只有萬分之一可能的機會。猶太人這種充滿進取心的性格，即使在日常生活中也表現得極為突出。

那些被人們認為是幸運兒的人並非天生運氣好，他們只是比一般人更有成功的欲望，更積極主動而已。在人生的旅途中，任何機會都可能給你帶來意想不到的成功，因此不要放棄任何一個哪怕只有萬分之一可能的機會。

美國伊利諾州百貨業鉅子約翰·甘布士認為，機遇無處不在，即使其中只有萬分之一最終能成功，但是它畢竟存在著。只要有鍥而不捨的毅力去爭取，就一定能有所收穫。

　　有一次，甘布士要乘火車到紐約去商談一筆生意，由於事起匆忙，沒有預先訂票。因此，甘布士夫人就打電話到車站詢問，是否還可以買到當日的車票。

　　當時正值聖誕前夕，去紐約度假的人很多，車票早早地就被搶購一空。但是，售票員說如果有急事一定要搭的話，可以到車站來碰碰運氣，看看是否有人臨時退票，不過這個可能性很小，因為在過節時，一般很少有人臨時退票。

　　甘布士夫人沮喪地放下電話，向甘布士轉述了車站的答覆。她認為今天肯定不能走了，只有等下一次的火車。

　　誰知甘布士依然不慌不忙地收拾好行李，然後提著皮箱向門口走去。甘布士夫人連忙攔住他問：「約翰，現在不是買不到票嗎？你還去車站幹什麼？」

　　甘布士回答道：「不是還有退票的可能嗎？」

　　「可是這種可能性很小，只有萬分之一啊。」

　　「我就是想去抓住這萬分之一的機會，祝我好運吧。」說完，甘布士戴上帽子，頂著風雪朝車站走去。

　　甘布士到了車站，站在月台上，等了很久，仍是沒有一個退票

的人，但是他並沒有著急，而是繼續耐心地等著，同時還利用這個時間仔細考慮即將談判的那筆生意的各個細節。

離開車還有5分鐘的時候，一個女人匆匆忙忙地跑來退票，因為她家裡有突發事件。

於是，甘布士掏錢買下了那張車票，及時地趕到了紐約。在紐約的酒店中，他打電話給他的妻子：「親愛的，現在我已經躺在紐約酒店裡舒適的床上了。我抓住了你所認為的只有萬分之一的機會。」

托．富勒曾說，「一個明智的人總是抓住機遇，把它變成美好的未來。」你可能也會發現，很多企業界成功人士的發跡史都來自於一個特殊的機緣，但這機緣的出現，似乎又是註定的，因為他們總是用行動說話。

機遇無處不有，無處不在，關鍵是看你能否把握住它。偶然的機會只對那些勤奮工作的人才有意義。成功的秘密在於，當機遇來臨之前，你就已經做好了把握住它的準備。時刻準備著，當機會來臨時你就成功了。我們可以肯定地說，所謂「錯過機會」，只不過是我們為自己找的藉口而已。現在，你不妨問問自己：對於機遇，我是否具有強烈的願望並且付出了應有的努力呢？

在電影《阿呆與阿瓜》中，勞埃德和他的朋友哈里，都在竭盡全力地尋找真正的愛情。有一天他們待在一條荒涼的道路邊上，

沮喪且束手無策。這時，一個身著比基尼的女孩駕駛著汽車停在他們身邊。三個美得令人窒息的女孩走下來，面帶羞澀地問他們：「嗨，你們知道哪裡可以找到兩個小夥子，和我們一起塗滿防曬油旅行幾個月，以證實我們的防曬油的效果嗎？」

哈里迅速地回答：「當然知道！在沿著道路走3英里的小鎮上就可以找到。」那些女孩見這兩傻瓜沒領會她們的暗示，感到很是失望，轉身把車開走了。勞埃德看著消失在灰塵中的車，轉向他的夥伴說：「你知道，哈里，一些傢伙總是有好運氣。我真心希望並且祈禱有一天相同的好運也會降臨到我們頭上。」

不得不承認的是，在同樣的機遇面前，人們不同的態度會產生不同的結果。那些遲疑、猶豫的人最終只能與之擦肩而過；而勇敢的、主動的人卻會積極努力，最終贏得機遇的傾心。你可以說機遇的到來是偶然，但你又怎能說他們抓住機遇不是必然呢？千萬別輕視那小小的一步，它可能會改變你的一生。

約翰受聘於一家地產公司。培訓結業的那天，公司老總也來了。進行了一番熱情洋溢的講話後，老總轉身從公事包裡拿出一疊文件問：「有誰願意幫我整理一下這些資料？」

約翰雖然內心躍躍欲試，但看看四周大家都是沉默的，他不禁又有些猶豫，最終還是沒敢站出來。

老總停了停，見無人敢應答，於是笑了笑，用手指向窗外那高

第4章　隨時捕捉機會，別讓任何一個商業機遇從身邊溜走

樓林立的開發區，說道：「20年前這裡曾是一片荒地，在管委會的一次會議上主任就曾這般問過『在國家沒有一分錢投入的情況下，誰有勇氣站出來開發那片荒地？』有一個年輕人猶豫了很久，最後終於勇敢地站了起來。經過一番努力，今天，這裡變成了現在這般繁榮的景象。」

雖然老總始終沒說那個年輕人是誰，但約翰明白那個年輕人就是老總自己。

因此約翰明白：假如他錯過了這次機會，自己很可能將碌碌無為地度過一生。於是他猛地站起來說：「我願意！」

老總什麼也沒說，只是笑著點了點頭。在以後的日子裡，他發現上司每次總是給自己比別人多很多的工作，其中不乏一些重要的公司機密。

轉眼10年過去了，他已經有了自己的公司，並創下了驚人的業績，他本人也成為商業界的一顆璀璨明星。

人們常說，是金子總會發光，其實不然。並不是每一位有才華的人都會飛黃騰達。當機遇不來的時候，怨天尤人也無濟於事。但當機遇來臨的時候，猶豫不決、畏縮不前就是你自甘平庸了。

> **塔木德啟示**
>
> 在通往成功的道路上，處處都可能有被錯過的良機，只有善於把握機會，哪怕是萬分之一的機會，你的財富夢才有可能盡快實現。

四、致富的機會來源於以變應變

猶太人有句名言：沒有賣不出去的豆子。如果賣豆人沒有賣出豆子，那麼他可以把豆子拿回家，加入水讓它發芽。幾天後，賣豆人就可以改賣豆芽。如果豆芽賣不動，那麼乾脆讓它長大些，賣豆苗。而如果豆苗賣不動，那麼再讓它長大些，並移植到花盆裡，當作盆栽來賣。如果盆栽賣不出去，那麼就再將它移植到泥土裡，讓它生長。幾個月後，它就會結出許多新豆子。一粒豆子，會變為成百上千顆豆子，這難道不是一種更大的收穫嗎？

猶太人正是靠這種尋求變化的思維和智慧，成為最有錢的商人，進而屹立於世界民族之林的。

一個人，如果思想永不更新，那麼他只能原地踏步。在瞬息萬變的當今社會，真正的危險不是知識和經驗的不足，而是故步自封，跟不上時代的步伐。

有人說，世界就如同一個棋盤，而人就像一個「卒」，衝過

「楚河漢界」之後方可橫衝直撞，實現自己的人生價值。每個人都被一個無形的界限約束著，限制著，有的人不敢突破界限，只能規規矩矩地在界內生活、工作，因此最終碌碌無為、平庸一生。而有的人敢於突破界限，擺脫那些繁文縟節的束縛，因而欣賞到了界外不一樣的風景，領略了界外不一樣的精采，也活出了非同尋常的精采人生。

其實，財富的獲得何嘗不是依賴於這個道理呢？富人之所以能致富，就是因為他們懂得變通，能敏銳地捕捉機遇。有人說成功可以複製，於是有些人開始模仿富人，富人做什麼，他們就學著做什麼，他們以為跟著富人的腳步走，就能致富，然而事實並非如此，盲目跟風的結果往往是竹籃打水一場空。

我們可以說，一個成功的人生應該是懂得變通的人生。所以當你發現自己對自身定位不準確的時候，就應該及時調整步伐。

鋼筆書法家張文舉原先的夢想是當一名作家。為此，他在十年的時間裡，堅持每天寫作500字。每寫完一篇，他都改了又改，精心地加工潤色，然後再滿懷希望地寄往各地的報章雜誌社。遺憾的是，儘管他很用功，但從來沒有一篇文章得以發表，甚至連一封退稿信都沒有收到過。

29歲那年，他意外收到了一位他多年來一直堅持投稿的刊物的編輯寄來的信，信裡寫道：「看得出你是一位很努力的青年，但我

不得不遺憾地告訴你，你的知識面過於狹窄，生活經歷也顯得過於蒼白。但我從你多年的來稿中發現，你的鋼筆字越來越出色了。」這封退稿信，突然讓他意識到，自己不應該對某些事過於執著。他毅然放棄寫作，練起了鋼筆書法，果然長進很快。後來他成為了有名的硬筆書法家。他就是讓理想轉了一個彎，才柳暗花明，走向了成功。

　　誠然，我們要承認的是，如果一個人要想成功，那麼就必須要做到努力、奮鬥、堅持不懈，而且這些還必須要建立在選擇了一條正確的道路的基礎上，若在錯誤的道路上堅持，只會讓你逐漸偏離成功的人生軌道。因此，我們一定要懂得變化和放棄，具備應變的能力，只有這樣我們才可能抓住成功的機會。

　　很多時候，在我們看來難以解決的困境中，其實正蘊藏著機會。機會常常喬裝打扮以問題的面目出現。對某一重要問題的解決本身就為成功創造財富提供了良機。猶太人總是能不斷尋找成功的機遇，即使在困境中亦是如此，他們從不會因眼前的現狀而停止思考。在順境中多思考，我們就能保持清醒的頭腦和穩健前進的腳步；在逆境中多思考，我們就會找到失敗的癥結，踏上通往成功的道路。

　　如果你想致富，那麼就別一味地模仿富人，也別將富人的成功經驗生搬硬套於自己的身上，找到一條與眾不同的致富道路，巧妙

地將之發揮出來，你就能獲得財富。

　　東漢初年，遼東一帶的豬都是黑毛豬，當地人也都習以為常，忽然有一天，一個商人家中的老母豬生了一窩毛色純白的小豬，大家都爭相來觀看。附近一帶的人都認為這一定是一個特異的品種，於是就有人給這個商人出主意說：「如此乾淨純白的小豬，天下一定少見，你應該把牠們送到洛陽，去獻給皇帝，皇帝肯定會重重地賞你。」又有人走來給他出主意說：「還不如把這群小白豬拉到燕京市場上去賣，肯定能賣個好價錢，物以稀為貴，錯過了這個機會你就後悔都來不及了。」遼東商人聽了，果然動了心。經過一番盤算，他覺得還是把豬運到燕京市場去賣個好價錢比較划算。於是，他把白毛小豬裝上車，向燕京市場進發了。

　　經過3個多月的艱苦跋涉，等走到燕京時他的小豬也基本上都長大了，他喜不自勝，這一回不知道要發多大一筆財呀！這一天，當他把白毛豬運到市場的時候，簡直給嚇呆了，原來燕京市場中賣的豬都是白色的，白毛豬在這裡的價錢還不如遼東的黑豬。遼東商人眼看著豬賣不出去，空歡喜一場，心中十分懊悔，心想，還不如在當地賣了，也總比現在這樣強啊！

　　胡思亂想了一陣之後，他靈機一動：既然遼東沒有白毛豬，這裡白毛豬的價格也不貴，我為什麼不從燕京買幾十頭白毛豬回遼東呢？那樣才是真正的物以稀為貴，肯定能賺一筆。於是，他就從燕

京買了幾十頭白毛豬回遼東,很快就賣出去了。接著他又買黑毛豬來燕京,也大賺了一筆。

這個故事的現實意義值得我們思考。財富永遠蘊藏在變化之中,若故步自封、毫無變化,只會被市場拋棄。

有經商頭腦的人在變化面前,不會畏懼,相反,他們會適應變化,並能把變化當作機會,讓變化幫助自己成功。前奇異集團執行長傑克‧威爾許說:「我一生追求的只有三個字:變!變!變!有原則有方向地變,在變化中獲得發展。」在這個變革的年代裡,最怕的就是你把自己局限於某個既定的框架裡而不思改變。

塔木德啟示

財富是與市場有著密不可分的關係的,如果你能始終掌握住市場變化的方向和脈動,並制訂出與之相適應的投資計畫,那麼你就能致富。

五、每一次不幸都能轉化為機會

　　猶太人知道，不幸、逆境，有時候也是機會，充分利用它，它就能夠促進自己的發展。猶太人常說：「悲觀者只看見機會後面的問題，樂觀者卻看見問題後面的機會。」樂觀的人，不僅能看到眼前的問題，而且還能發現問題後面的機會。

　　第二次世界大戰期間，兩個納粹分子來到柏林郊區，抓走了一個猶太家庭的丈夫，而留下了家中非猶太血統的妻子。隨後，妻子到處奔走，透過各種關係終於和監獄中的丈夫取得了聯繫，並給他寫了信，信件的大致內容是：因為丈夫不在家，家裡缺少務農的人手，所以這一年可能就要錯過耕種馬鈴薯的時節了。

　　怎麼辦？猶太血統的丈夫果然聰明絕頂，接下來，他給家中的妻子寫了一封信：「不要耕地了，我已經在地裡埋了大量的炸彈和炸藥。」這些信件自然是要經過納粹分子的手的，於是之前來抓他的人開著車去了他家，然後費盡功夫將整片地都翻了個遍，也沒有

找到炸藥。妻子將這件事寫信告訴了丈夫，丈夫回信說：「那就種馬鈴薯吧！」

在這則小故事中，猶太人的智慧展現得淋漓盡致。猶太人有本事將一條死路，經過大腦思考後走成活路。在美國，猶太人之所以「能在商業界劃出一片屬於自己的星空」，按照美國學者吉羅德‧克雷夫茨的觀點，是因為「猶太人具有長時間磨練出來的經商才幹和對持續不斷的迫害的高度警覺，他們常常選擇在供求的某一環節上滿足人們需要的靈巧職業和企業」。

猶太人在商場上身經百戰，他們經受了無數磨難，練就了一身功夫，所以他們才能在關鍵的時刻，不讓自己走入山窮水盡的將死之路，而是慢慢地將死路走成活路。我們常告誡自己和他人要把握和抓住機遇，其實我們更應該為自己創造機遇，如果只是做機遇的旁觀者，那麼你不可能讓機遇駐足。你只有積極努力、做足準備，才能張開雙臂，和機遇撲個滿懷。

羅蒂克‧安妮塔是英國著名的女企業家，她是美容小店連鎖集團董事長、家庭主婦創辦公司的成功典範。

安妮塔出生於義大利，畢業於貧民子女就讀的牛頓學院，與丈夫戈登結婚後，日子過得並不寬裕。

因此，安妮塔決定自己創業。結婚前，安妮塔曾到南太平洋旅行，對土著居民使用的以綠色植物為原料的化妝品產生了濃厚的興

趣，採集了不少天然化妝品配方。她認為天然化妝品一定會比市場流行的化學化妝品更受消費者歡迎，但當前面臨的困難在於只有4000英鎊的本錢。

安妮塔想到了向銀行貸款，她帶著兩個女兒來到小漢普頓的一家銀行，向經理訴說她的困境，說她急需開一間小店養家糊口，希望銀行出於人道主義考慮，向她提供資金支持。但經理認為銀行不是慈善機構，拒絕了安妮塔的貸款要求。

堅強的安妮塔並沒有絕望，她在時刻不停地想辦法。安妮塔研究了一番，一週後她穿上特製的西裝，儼然一副商界女強人的打扮再次來到銀行。她還準備了一大疊文件，包括可行性報告和房產憑據等。文件中把她籌劃的小店吹捧成世界上最好的投資項目，把自己美化成具有豐富經驗的化妝品專業的商界奇才。這次她改變了策略，用商業銀行的遊戲規則──越有錢的人越容易借貸，來與銀行周旋。

那位銀行經理一週前根本就沒把安妮塔放在眼裡，所以沒認真注意她。這次改頭換面再來時，安妮塔的資歷通過了銀行的審查，很順利地貸到了4000英鎊，這筆錢也成為她非常重要的創業資金。

1976年3月27日，安妮塔的美容小店正式開張。由於此前《觀察家報》報導了她開店的情況，結果該店一炮打響，顧客盈門，第一天的收入就達到了130英鎊。

此後安妮塔不斷開設分店，走上了連鎖經營的道路，她的小店變成了遍佈全球的大企業。許多當初抱有像她一樣願望的家庭主婦，加盟她的連鎖集團後成為百萬富婆。

其實，無論做什麼事，都不可能一帆風順，失敗者選擇了放棄，所以他失敗了；成功者選擇了堅持和面對，所以他在挫折中獲得了成長。

洛克菲勒曾說：「我總設法把每一樁不幸化為一次機會。」的確，任何一個人，任何一家企業，都有可能遇到危機，都有可能遇到不幸，我們如何看待不幸、如何處理危機，直接關係到我們能否尋找到出路。可以說，洛克菲勒的創業史處處充滿了危機，他曾遭遇資金危機、煉油廠失火、政府污蔑等，但最終，他都憑著強大的自信、強而有力的危機處理能力讓企業轉危為安。

英特爾公司前CEO安德魯在經過奔騰晶片召回事件後，在其自傳《只有偏執狂才能生存》一書中說道：「商業成功飽含自身毀滅的種子。」的確，商業環境變化不是一個連貫的過程，而是一系列亮點或者「戰略轉捩點」，如果一家公司的營運基礎突然發生變化並且沒有預先的警告，那麼這些點的出現就可能意味著新的機會或者是終點的開始。

生活中的人們，我們也要明白，其實所有的壞事情，只有在我們認為它是不好的情況下，才會真正成為不幸事件，只要我們能夠

從壞中看到好，採取有效的措施扭轉這個趨勢，耐心地找準方向，就一定會發現別有洞天。這樣，不僅能解一時之圍，還能讓你找出自身存在的問題，使自己贏得更持久的能力。

> **塔木德啟示**
>
> 人們在做一件事情的時候，經常會因為方法不當而走入死路，這時候，轉換一下思路，就能讓死路變成活路，但有的人不知道如何轉變，只是一味地按照原來的思路走，於是讓自己的路越走越窄，甚至出現無路可走的情況。

第 5 章

錢要如何花——
學習猶太人的理財智慧

> 猶太人崇尚金錢，也崇尚節儉，但他們不主張過度儲蓄，因為儲蓄難以致富。猶太人有一套屬於自己的理財方法——無論什麼時候都一定要撥出 1/3 的金錢，以某種方式儲蓄起來。此外，在資訊發達的現代社會，對於理財來說，最重要的就是詳細瞭解各方面的資訊，並進行綜合和判斷，將風險降到最低，而這就需要我們學習一些理財技巧。

一、節儉能使未來的利益得到保障

我們常聽到這樣一句話：「一粥一飯，當知來之不易」，這是被古人推崇的，可是在物質生活日益發達的今天，這種美德卻被年輕一代擱置了。

在猶太商人看來，人生在世，每個人誰都要有危機意識，要把目光放長遠一點，這樣我們就會發現，我們應該把未來生活的壓力減到最低，而節儉能使未來的利益得到保障。

在猶太人弗蘭西斯・霍拉即將踏入社會的時候，他的父親曾對他提出忠告說：「我希望你能夠天天快樂，但我認為還是要多次提醒你，千萬記住要節儉，這是對任何人來說都要遵循的道理，但一些人會忽略這一點。節儉是通向獨立的大道，而獨立則是每個精神高尚的人都追求的崇高目標。」

關於洛克菲勒，我們都知道他是石油大王，坐擁人人羨慕的鉅額財富，我們也知道他一直節儉成性，但作為美國最大的資本家，

他一生投入在慈善事業上的金錢讓人嘆為觀止──洛克菲勒一生捐獻了5.3億美元。洛克菲勒不僅創建了世界上最大的慈善機構，還贊助了全球性的醫療教育和公共衛生事業，洛克菲勒整個家族的慈善贊助超過了10億美元。

一位檢察官曾這樣稱讚過洛克菲勒：「除了我們敬愛的總統，他堪稱我國最偉大的公民。用財富創造了知識者，捨此無第二人。世界因為有了他而變得更加美好。這位世界首席公民將永垂青史。」邱吉爾則這樣評價他：「他在探索方面所做的貢獻將被公認為是人類進步的里程碑。」

洛克菲勒本人對金錢的看法是：「我不但不做錢財的奴隸，而且還要把錢財當作奴隸來使用。」他還曾說：「我寧願過簡單的生活，在不鋪桌布的餐桌上吃自己的一碗麥片粥。」洛克菲勒一直堅信：「我相信節約對於有序生活的重要性，無論對於政府、企業還是個人，節約是財政結構健全的首要因素。」

洛克菲勒一直知道自己在做什麼樣的事情。這位出生於紐約州哈德遜河畔小鎮上一個窮苦家庭的基督徒，堅信自己裝在口袋裡的每一分錢都是乾淨的。他堅信：「上帝賞罰分明，我的錢是上帝賜予的。而我之所以能一直財源滾滾如有天助，正是因為上帝知道我會把錢返還給社會，造福我的同胞。」

金錢本身從來不是他的目的，權力也不是。這個被外界妖魔化

的老頭子，奇瘦無比，終生過著清教徒般節儉的生活，甚至自己的婚戒也僅花了15美元。當范德比爾特、卡內基等億萬富翁在紐約和長島大興土木興建別墅的時候，他寧願採取班傑明・富蘭克林的主張：過簡單生活，在「不鋪桌布的餐桌上吃自己的一碗麥片粥」。他不買遊艇，不加入鄉村俱樂部，不收藏任何古董，也不參加社交活動，政治對他沒有誘惑力。他更多時間是待在辦公室裡，把精力放在標準石油公司。浪費時間和金錢，對他而言是一種罪孽。

洛克菲勒習慣到一家熟識的餐廳用餐。飯後，他會給服務生15美分的小費。

有一天，不知何故，他只給了服務生5美分。服務生不禁埋怨道：「如果我像您那樣有錢的話，我絕不吝嗇那10美分。」

洛克菲勒笑一笑，說：「這就是你為何一輩子當服務生的原因。」

正如洛克菲勒所言，浪費是一種罪。也曾有位哲人說：「人類活著的意義和價值就是提高身心修養，磨練靈魂。」一個貪圖享樂的人，又怎麼能感受到最簡約的快樂呢？對於年輕人而言，過於注重物質生活，會使你喪失鬥志。俗話說：「命好使人廢」，溫室環境是培養不出人才的。

因此，從現在起，我們每個人，對於金錢，都必須有新的認

識，更要有正確的消費觀——於己，勤儉節約；於人，慷慨大方。

26歲的小田一直是個生性節儉的孩子，但是當他從報上得知他出生的醫院陷入經濟困境時，二話不說地將存摺裡的積蓄捐給該家醫院。

已經退休的父母直到收到醫院寄來的收據和表揚信才知道這件事，他們此時才明白，自己的兒子絕對不是個小氣鬼、守財奴，因為他懂得把錢花在刀口上，他瞭解金錢的價值，也懂得如何發揮它的價值。

現實生活中，我們會發現很多人極盡奢侈，不願意施捨貧窮和救助急難，卻把大把大把的錢花在朋友之間的吃喝上。這是一種極為錯誤的消費觀，應當給予糾正。

吝嗇不等於節儉。在現實生活中，一般人往往把節儉和吝嗇看作一對孿生兒，這是一個很大的錯誤。其實，節儉的意義是：當用則用，當省則省。換句話說，就是省用得當。吝嗇的意義卻是：當用的不用，不當省的也要省。凡吝嗇的人都是金錢的奴隸，而不是主人。對這類人來說，唯有金錢、財物才是最為重要的。為錢而錢，為財而財，斂錢、斂財是這類人的最大嗜好，也是人生的最大目的。

塔木德啟示

在人生路上，我們每個人都在為自己的目標奮鬥著。這絕不是一個一帆風順的過程，但即使是那些成功者，也必定是經歷過百轉千迴的磨礪和痛苦，甚至是痛苦的蛻變，因此可以說，成功是容不得我們有享樂之心的。

二、會花錢才能賺錢

　　金錢是窺視人格的一面鏡子。這一句話不無道理，因為我們對待金錢的態度、如何賺錢以及如何花錢都是衡量我們人格的尺度。然而，金錢與智慧同在，我們要懂得運用智慧賺錢，更要學會花錢，金錢只有在使用時才能體現它的價值。在猶太人研究的《塔木德》中有這樣一句話：「如果人類沒有惡的衝動，應該不蓋房子、不娶妻子、不生孩子、不工作才對。」錢的「準神聖」地位的確立，使猶太人得以最為自由地施展自己的賺錢才能。

　　猶太人崇尚金錢，但他們不主張過度節儉，這一點從下面的故事中就能看出。

　　卡恩站在一家百貨公司的前面，擺在他面前的是櫥窗中琳琅滿目的商品，這讓他目不暇接。他的旁邊，站著一位抽著雪茄穿戴得體的猶太紳士。

　　卡恩恭恭敬敬地對紳士說：

「看你的雪茄,應該不便宜吧?」卡恩這樣問紳士。

「2美元1支。」紳士回答。

「天哪……那麼,您一天抽多少支呀?」卡恩很吃驚。

「10支。」

「哦,天哪,那您抽多久了?」

「40年前就抽上了。」猶太紳士很平靜地回答。

「什麼?難以置信,不知道您算過沒,假如您不抽菸的話,您省下的錢足夠買下這幢百貨公司了。」

「那按照您的意思,您應該不抽菸吧?」

「是的,我不抽菸。」

「那麼,您買下這幢百貨公司了嗎?」

「沒有。」

「告訴您,這一幢百貨公司就是我的。」

從這種幽默故事中,我們不得不說卡恩是聰明的,他有著驚人的算術能力,一下子就能算出如果一個人40年不抽菸的話,能省下多少錢;另外,他也是節儉的代表,他從未抽過2美元一支的雪茄,但我們看到,真正有智慧的是這位猶太紳士,因為他更懂得運用智慧賺錢,而不是一味地省錢。錢是靠錢生出來的,不是靠剋扣自己賺下來的。

猶太人認為,我們每個人都要學會運用智慧賺錢,也要懂得節

儉，但不能過分節儉。《塔木德》說：「當富人沒有機會買東西的時候，他會自認為是個貧窮的人。」擁有了金錢，卻守著金錢不使用，這種做法是愚蠢的，跟貧窮毫無區別。有錢不能花，不正是窮人的表現嗎？所以，一個真正的富人，不光會賺錢，更會花錢。

猶太人認為即使要追求神聖的精神生活也不應該限制自己的生活水準。即使是信仰上帝，也可以享受人生，這兩者並不矛盾。他們認為自己既應追求精神的崇高，也應該追求世俗生活的幸福。一味追求物質的富有，雖然不是一種好現象，但是一味追求精神生活而忽略物質上的舒適也是不可取的。

因此，猶太人對自己的生活要求很高的品味，他們喜歡豪華的居所、精美的食物和名貴的車輛，因為只有這樣才配得上自己所賺取的財富和自己高貴的地位。

猶太人崇尚節儉與他們注重生活的享受這兩者並不矛盾。在猶太人看來，我們要想經商，要想賺錢，就要有資本，也就是創業資金，這需要我們積累財富，也就是要節儉，然而賺錢的最終目的也是為了享受生活，如果賺到了錢卻不花的話，那賺錢也就沒有什麼意義了，我們對繼續賺錢也就沒有什麼動力了。猶太人在日常生活中，當看到有自己十分喜愛的東西時，他們會毫不猶豫地購買，然後他們又會產生新的賺錢欲望。

在繁華的紐約市中心，在高檔的義大利餐廳裡，坐著儒雅紳士

的猶太人，他們一邊和家人、朋友享受美食，一邊交談，十分愜意，讓人羨慕。猶太人十分享受花錢的過程，他們會為了一頓飯而一擲千金，只是因為這是他們賺錢的動力。

賺錢不是為了成為金錢的奴隸。然而，生活中，總是有這樣一些人成為了金錢的奴隸。對於他們來說，金錢就是他們的生命，他們為錢而生，為錢而死，他們的生活模式就是：賺錢、存錢、再賺錢、再存錢……他們最大的樂趣是「數錢」；他們的哲學是：錢越多越好。

張三就是其中的一個典型。

一天，他家裡來了客人，到了午飯的時間，他只給客人端來一碗稀飯。就在這時，門外來了一個賣熟牛肉的，他的客人不客氣地說：「給我買斤牛肉吧，在你家總是吃稀飯。」

聽到客人這麼說，張三不好回絕，便出去買牛肉了，他讓客人在屋內等候。過了一會兒，外面傳來了張三與賣牛肉者砍價的聲音。

「3塊1斤行不行？」「不行！」

「5塊1斤行不行？」「不行！」

「7塊1斤總行了吧！」「不行不行，100塊也不行！」

張三回來對客人說：「不知怎麼的，他就是不肯賣給我。」客人只好自認倒楣。

晚上他妻子訓斥他：「你是傻了吧，3塊1斤不行，還要7塊？」張三說：「什麼啊，我是拿磚頭和他換呢！」

這雖是一則幽默笑話，但卻可以看出吝嗇之人的自私。的確，我們想要生存，就需要一定的物質保障，這是生存和發展的需要，但有些人卻把這種需要擴大化，並上升到吝嗇的階段，財富積累得越多，對於他們來說就越好。他們竭力追求財富，一旦到了手，就絕不放手，該給別人的，也不願給。這樣的人，又怎麼會有快樂可言？

塔木德啟示

人活於世，沒有錢是萬萬不能的，但斂財並不是人生全部的快樂，人生的快樂還來源於很多其他的方面。金錢也只有在被使用時才能展現價值。我們不可用金錢套牢人生，對待金錢應該有慷慨的態度，會賺錢，更要會花錢。

三、儲蓄難以致富

在生活中,我們大部分人都會有儲蓄的習慣,認為儲蓄能使我們的生活得到保障。誠然,這一理財習慣並無過錯,但猶太人認為,任何一個人要想致富,都絕不可過度地儲蓄、並以儲蓄為喜好。

猶太人富凱爾博士是心理學專家,他說:「我並不反對儲蓄,而是反對等錢存到一定的數目時忘記拿出來活用這些錢,從而賺取更多的錢;我還反對銀行裡的存款越來越多的時候,心裡相應地有了一種安全感,覺得有了保障,靠利息來補貼生活費,這就養成了依賴性而失去了冒險奮鬥的精神。」

身處21世紀的今天,理財投資是我們每個人都關心的話題。不少人認為錢存在銀行能夠得到利息,因此只要這樣做就已經盡到了理財的責任。事實上,這些人完全忽略了一點,利息在通貨膨脹的影響下,實際報酬率接近於零,存在銀行的錢等於沒有升值,也

就等於是沒有理財。

我們將手頭的資金做理財和投資，不一定可以獲得豐厚的財富報酬，但可以確定的是，想透過儲蓄致富，會比登天還難。將自己所有的錢都存在銀行的人，可能年過半百時也不能致富，還可能連財務自主的水準都無法達到，這種事例在現實生活中並不少見。那些以儲蓄為喜好的人，無非是不敢冒險，認為把錢存在銀行才是最好的保障，而事實上，將錢長期存在銀行裡是最呆板的理財方式。

猶太商人認為，如果投資者想躋身於理財致富者之林，那麼要先跳出傳統的思維模式。同樣，生活中的人們，如果你想透過投資致富，就要改變你的理財習慣，要明白儲蓄難以致富的道理。從理財投資中獲得財富不僅能改善我們的生活，還可以使我們的錢不會因通貨膨脹而貶值。所以，我們不僅要努力工作，還要學點理財投資，不然我們只能受窮。我們先來看看下面一則故事：

陳明和王斌是大學同學，他們畢業後在同一個城市工作，也選擇了同樣的行業。剛開始，他們薪水都差不多，也沒存下什麼錢。然而，就在第二年的時候，陳明就告訴自己的好朋友王斌，他要買房了。王斌簡直不敢相信，要知道，在這個寸土寸金的城市買房，不是什麼人都敢開口的。

而且，他們都是剛開始工作的小夥子，即使工作多年、小有積蓄的人也不敢說這樣的話。但是，陳明有自己的想法，他認定此時

買房是絕佳時期。雖然，手頭存款只有幾萬元，但是加上家裡的資助，頭期款是絕對沒問題的，其他的，陳明和他女朋友兩個人的薪資完全可以支付貸款了。果然，不出所料，這套房子在第二年價值就翻了一倍。此時，陳明將其出售，並用賣房的錢為自己買了一套小型公寓，還買了一輛車，這樣他和女朋友在這個城市就有了落腳之地。

在畢業不到三年的時間裡，陳明就憑藉自己出色的投資能力成為這個城市的有房有車一族，而他的好朋友王斌因為對投資理財一竅不通，只是按部就班地努力工作，然後每月將薪水存入銀行中。在接下來的三年時間裡，雖然他的存款也在增長，但是其購買力卻並沒有相應增長。

不少人都已經認識到了理財的重要性，認識到了一味地儲蓄無法致富，也有些人開始投資，但是卻沒有一個理性的理財投資計畫。比如，一些人看到別人在股市賺到了錢，就跟風炒股，把錢投進股市裡，結果遇上熊市，血本無歸。這樣的人無疑是吃了偷懶的虧，要知道，投資也不是天上掉餡餅的，不努力卻寄希望於投機取巧，世間哪有這樣好的事呢？

我們看到一些人剛開始投資時會查資料，翻報紙，看雜誌，問口碑，勤快得很，但一旦真進行投資了，就不管了。一些投信公司會告訴你購買他們的基金就高枕無憂了，但如果你真的因為懶惰而

相信了他們，那麼你還是不宜投資。因為，這懶惰的性格，可能會造成血本無歸的下場。比方說，有人投資賺了高興，而一旦賠了，就安慰自己「沒賣就沒賠」，後來就一直放在手中不賣，虧到連本都拿不回來。所以，投資不僅要勤快，而且還要持續地勤快。

另外，你需要多瞭解一些財經知識，千萬不要以為這只是財經界人士的事情。你的生活處處充滿著投資的學問。多跟一些投資高手交流，或許你會得到意外的收穫。

無論你現在準備投資做什麼，你都必須要有創新意識，要敢想敢做，要敢於投資那些別人不敢涉足的領域。

> **塔木德啟示**
>
> 渴望財富的人們，不要再死守你的一畝三分田了，一味地儲蓄永遠都無法積累起財富，嘗試去發現新的事物，嘗試學習並做一些投資，你將會有所收穫。

四、越早理財，越早獲得財富

　　猶太人認為，窮人和富人的差別在於觀念，這是思維方式和性格上的懸殊，而不是簡單的錢和資產的懸殊。富人思想開放，勇敢而富有理性；窮人思想封閉，害怕風險，比較感性。

　　對於如何獲得財富，猶太人指出，要敢於冒險。冒險的其中一種方式就是要學會理財投資。我們都是社會中的普通人，我們都需要面對日常起居飲食、水電費、住房支出、交際支出、個人、進修支出等諸多生活開支，加之買車買房、結婚生子等，花錢的項目只會越來越多，而收入卻有限，這便需要合理的投資理財。理財越早，回報越早，我們也會越早獲得財富。

　　生活中，很多人總認為理財投資是有錢人的事，其實投資能否致富與金錢的多寡關係並不是很大，卻與時間長短之間的關聯性很大。人到了中年面臨退休，手中有點閒錢，想到為自己退休後的經濟來源做理財投資，此時為時已晚。原因是時間不夠長，複利難以

發揮作用。要想讓小錢變大錢，至少需要二、三十年以上的時間，所以理財越早越好。

被公認為股票投資之神的猶太人華倫·巴菲特相信投資的不二法門，是在價錢好的時候，買入公司的股票且長期持有，並且只要這些公司有持續良好的業績，就不要把他們的股票賣出。巴菲特從11歲就開始投資股市，今天他之所以能靠投資理財創造出巨大的財富，完全是靠八十餘年的歲月，慢慢地在複利的作用下創造出來的。

同樣，生活中的人們，要想致富，也要儘早學習理財，為此你需要記住幾點：

1. 樹立正確的理財觀

不少投資新手，對投資比較陌生。如果不調整好心態，不培養自己正確的理財觀，很容易陷入理解的誤區。

我們投資理財的目的是，透過建立科學合理的理財規劃，讓個人資產保值甚至增值，使自己的收入支出滿足人生各個階段的需求。

我們在業餘時間可以透過學習瞭解投資方面的相關資訊，透過廣泛涉獵基金、股票、黃金、債券等投資類知識，學會閱讀宏觀經濟資料，大體瞭解當前國內經濟現狀及發展趨勢；積極地與周圍人

討論對投資方面的一些看法，如果有時間的話可以與銀行等金融機構的專業理財師交流，從而加強你對投資理財的認識，以形成自己的理財觀念。

2. 明確收支，留住結餘

要投資，首先一定要有本金，這是最基礎的部分，然後才能生財。

可能你會說，你手頭積蓄不多，但你可以每月都保留一定的結餘，逐漸養成一種良好的理財習慣。充分瞭解個人財務狀況，明確每個月的收入是多少，支出有哪幾項，每月的收支結餘是多少。養成良好的記帳習慣，日常消費開支要索取發票並及時登記支出明細表，月底整理匯總編制家庭資產負債表及收支儲蓄表，透過比率分析，可以查明超支項，仔細思考原因以便下個月及時更正，增加儲蓄。聚財貴在堅持，或許一開始，收支結餘微乎其微，但是每個月都有或多或少的結餘，長時間積累起來便是自己的一筆財富。

3. 適當投資，選擇適合你的投資領域

對於投資，我們必須要有充分的認識，因為任何投資都是有風險的，高收益必定伴隨著高風險。在進行投資之前，可以與專業的金融理財師進行詳細交談，充分瞭解自己的投資風險承受力。在投

資某一產品前,必須認真閱讀公開說明書,詳細瞭解該產品的投資方向及目標客戶,在金融理財師的建議下,選擇適合自己的投資理財產品。

比如,如果你想降低風險的話,可以做一份基金定投,將其作為一個長期投資兼儲蓄。定投可以熨平各個階段的投資風險,在長期獲得較高的收益。同時,手頭要留有一定的現金,以備不時之需。

4. 制訂人生目標,早做個人理財規劃

如果你是個剛踏入社會的年輕人,對於未來,你要有清醒地認知,未來你要做的事有很多,不管你需要做什麼都需要一筆不小的開支,為了確保不同的人生階段的目標都能夠順利實現,必須及早規劃個人資產,給自己提供一個穩定的未來預期。你可以在金融理財師的指導下,建立科學的中長期目標,根據個人收入支出狀況、增長比率及投資收益率等做一份個人綜合理財規劃,日常的財務收支也僅僅圍繞這一理財規劃,以便在不同的人生階段各個目標都能夠順利實現,無後顧之憂。

因此,理財師向我們提出五項投資建議:

(1) 現在就開始進行理財規劃。

(2) 定出目前重要的理財目標,比如,子女教育金、退休金等。

(3) 選擇適合自己的投資方式。

(4) 選個好的股票，每月定期定額投資，強迫儲蓄。

(5) 選擇理財產品時「不要將所有的雞蛋都放在同一個籃子裡」，靈活運用多種理財方式。

總之，生活中的人們，應該將投資理財伴隨我們的一生，你不理財，財不理你，學會投資理財，越早越好！

> **塔木德啟示**
>
> 越早開始投資，利上滾利的時間就越長，你便會越早達到致富的目標。如果時間是理財不可或缺的要素，那麼爭取時間的最佳策略就是「心動不如行動」。理財，就從今天開始吧。

第 6 章

解放思想，
開發你的商業潛能

> 猶太人常說，生意無禁區，猶太人崇尚靈活變通的經商思維，他們認為，做生意一定不能循規蹈矩，如果走別人的老路，只能被時代的列車拋下。所以，幾乎很多在我們看來無法解決的商業難題，都難不倒猶太人。我們每個人，都要學習猶太人的生意經，尤其要學習他們的思維方法和習慣，從而早日與財富結緣。

一、解放思想，善抓機會

前面我們談到，猶太人認為，即使是一美分也要賺，也就是說，他們不放過任何一個可以賺錢的機會。

在猶太商人看來，生意無禁區，只要是合法的賺錢生意，都可以做。這一生意經，確實值得每個渴望致富的人學習。

所以，我們可以說，成功是沒有固定模式的，只要你能走一條與眾不同的道路，機會總是有的。

英國人霍布代爾是一所中學的清潔工，並且已經在那所學校工作多年。一次偶然的機會，學校新來的校長發現霍布代爾是個文盲，這位校長不能容忍自己的學校中有一個文盲，於是，將他解雇了。霍布代爾痛苦萬分，因為，對於他這樣一個文盲，到哪兒去工作都將面臨困難。痛苦中的霍布代爾並沒有自暴自棄，他開始思考這樣一個問題：我真的一無是處了嗎？突然，他高興起來了。原來他想到了他的手藝——做臘腸。霍布代爾做的臘腸曾深受學校師生

的歡迎。基於此，霍布代爾產生了做臘腸生意的念頭。幾年後，他的生意就發展到了在英國有人不知道莎士比亞，不知道勞斯萊斯，但沒有人不知道霍布代爾的臘腸的地步。

在我們身邊，有很多和故事中的霍布代爾一樣的人，他們沒有高學歷、沒有雄厚的資金，他們被別人看不起，但他們能找到自己的長處，然後將之充分地發揮出來，最終，他們也獲得了別人不曾預料到的成功。

成功學專家安東尼·羅賓曾經在《喚醒心中的巨人》一書中非常誠懇地說過：「每個人都是天才，他們身上都有著與眾不同的才能，這一才能就如同一位熟睡的巨人，等待我們去為他敲響沉睡的鐘聲……上天也是公平的，不會虧待任何一個人，祂給我們每個人無窮的機會去充分發揮所長……這一份才能，只要我們能支取，並加以利用，就能改變自己的人生，只要下決心改變，那麼，長久以來的美夢便可以實現。」同樣，在賺錢的道路上，路有千萬條，只要我們能解放自己的思想就能找到。

甲骨文公司的創建者艾利森沒有顯赫的身世，甚至可以說出身卑微。1944年，他母親遺棄了剛出生的他。在艾利森的記憶裡，他只與母親見過一面，知道她是猶太人，而父親的身分至今還是一個謎。不知是否和身世有關，艾利森的壞脾氣臭名遠揚，「驕傲、專橫、愛打嘴仗」成了艾利森的代名詞。

「讀了三所大學，沒得到一個學位文憑」，換了十幾家公司，還是一事無成，直到32歲，艾利森才用1200美元起家，創造出甲骨文這個奇蹟。

艾利森是推銷高手，他不只直接推銷產品，更聰明地為產品的市場環境造勢。他到處宣傳關聯式資料庫的概念，稱其可以加快資料處理效率，容納和管理更多的資料。與此同時，每次艾利森推介演講時，題目經常是「關於資料庫技術的缺陷」，然後緊跟著就介紹甲骨文是如何解決這些問題的，當場演示，讓人們印象深刻。可以說，艾利森成功靠的不僅是技術，還有市場推銷。

艾利森懂得搶先佔領市場的重要性：研製產品並將其賣出去是最主要的事情。他公司的發展策略是：拚命向前衝，拚命兜售產品，擴大市場佔有率。

他培養了一批「狼性」十足的銷售人員，這些人員的貪婪和競爭本能得到了最大限度的發揮，繼而轉化為不可思議的戰鬥力，最終轉化為不可思議的業績。甲骨文的銷售部門不是一個「懦夫待的地方」，它是一個競技場。瘋狂追逐勝利的「瘋子」在甲骨文才會成為吃香的人，發揮平常的人則不受待見，甚至只能被迫捲鋪蓋走人。

經營之神松下幸之助曾說，人生成功的訣竅在於經營自己的個性長處，經營長處能使自己的人生增值，否則，必將使自己的人生

貶值。他還說，一個賣牛奶賣得非常火爆的人就是成功的人，你沒有資格看不起他，除非你能證明你賣得比他更好。一般來說，很多人士的成功，首先得益於他們充分瞭解自己的長處，並根據自己的特長來進行定位或重新定位。可以說，艾利森在讀書這一點上並不擅長，但他擅長推銷，擅長培養人才，他就是一個特立獨行的創業者。

> **塔木德啟示**
>
> 賺錢沒有固定的模式，我們在經商或者創業過程中，要盡可能避免各種非理性的先入之見和屬於意識形態因素的影響，這樣，我們賺錢的道路才不會被限制。

二、與成功者為伍,從合作走向卓越

猶太經典《塔木德》中有這樣一句話:「和狼生活在一起,你只能學會嗥叫;和那些優秀的人接觸,你就會受到良好的影響。」同樣,如果我們多結交有特殊專長和才能的人,那麼,我們也會受其影響,「集眾家專長於一身」,變成優秀的人。

猶太人認為五個朋友決定你的一生,與什麼樣的人交往就註定了你會是怎樣一個人。誠然,每個人交朋友的標準都不一樣,有些人喜歡結識能力、經驗都不如自己的人,因為這樣,他們能獲得一種快感,是一種滿足。但聰明的人絕不會這麼做,他們會努力結交一些比自己優秀、更聰明、更有能力的人,這樣,不僅有利於提升自己的能力,而且更能在日後得到他們的幫助。因為他們懂得「和什麼人交往,就會變成什麼樣的人」的道理。

或許你會認為,帶著目的交際、結交那些有專長和特殊才能的人是一件有心機的事。但是「講義氣」不是友誼的全部,與朋友相

互學習、共同進步，才是更好的交友之道。人們固然願意結交與自己類似的人，但我們也可以利用這一點，與更優秀的人靠近，然後慢慢地也成為那樣的人。

西方有句名言：「與優秀者為伍。」日本教授手島佑郎，在研究猶太人的財商後也認為：「窮，也要站在富人堆裡。」認識關鍵和重要的人物，不是要你變得非常勢利。但很明顯，知己、好友、有益的朋友、重要的朋友，我們都需要，許多成功者可以給我們帶來新的觀念、價值和經驗。

保羅‧艾倫和比爾‧蓋茲之間的友誼也是不得不說的故事。

現已過世的保羅‧艾倫，似乎一直以來都掩蓋在比爾‧蓋茲的光環之下，人們只知道他和比爾‧蓋茲共同創立了微軟，卻忘記了正是他把比爾‧蓋茲引入到軟體這個行業，而就是這樣一個軟體業精英，一個富於幻想的開拓者，一個為玩耍一擲千金的豪客，一個總是投資失敗卻成功積聚鉅額財富的商界鉅子，卻在創造著一個傳奇——他有取之不盡的財源、獨樹一幟的投資理念，也有與眾不同的成功標準。

1968年，與蓋茲在湖濱中學相遇時，比蓋茲年長兩歲的艾倫以其豐富的知識折服了蓋茲，而蓋茲的電腦天分，又使艾倫傾慕不已，就這樣，兩人成了好朋友，隨後一同邁進了電腦王國。艾倫是一個喜歡技術的人，所以，他專注於微軟新技術和新理念，蓋茲則

以商業為主，銷售員、技術負責人、律師、商務談判員及總裁一人全攬，微軟兩位創始人就這樣默契地配合，掀起了一場至今未息的軟體革命。

有人說，沒有保羅‧艾倫，微軟也許不會出現，但如果不是託蓋茲的福，艾倫也許連為自己的「失誤」買單的錢都不可能有。但這一切的出現都並不是偶然，比爾‧蓋茲曾這樣說過：「有時決定你一生命運的就是你結交的朋友，換句話說，從某種角度而言，你與之交往的人或許就是你的未來，保羅‧艾倫與比爾‧蓋茲就是這樣互相決定了未來。」

保羅‧艾倫與比爾‧蓋茲的故事告訴我們一個道理：與最優秀的人在一起，優秀將成為一種習慣。機會不是天外來物，而是人創造的，能力突出的人會帶給你更好的機會。更重要的是，與他們相處，不僅可以從他們的成功中學到經驗，而且可以從他們的教訓中得到啟發，我們甚至可以根據他們的生活狀況以此來改進自己的生活狀況，成為他們智慧的伴侶，這自然也會使你變得更加優秀。

為了實踐這點，我們要做到：

1. 不局限於你經常接觸的圈子

譬如，學生就可以爭取以志願者的身分參與各種重要活動、成功人士講座、校外會展等；畢業生爭取進入一流大公司，透過職業

交際結識更多的傑出人士。

2. 有目標地結識，為自己找個好老師

在人際交往中，知識文化層次高、有特殊才能或者成功人士很多，但我們不可能人人結識。因此，我們要學會有目標地結識，比如，那些同專業裡的專家、權威人士，與他們結識，把他們當老師，我們不僅能學到最頂尖的專業知識，還可能得到他們的幫助、提攜、提拔，讓我們飛黃騰達，甚至能在行為得失上給我們指點，也能扶持我們一步步成長、成功。

> **塔木德啟示**
>
> 正所謂「畫眉麻雀不同嗓，金雞烏鴉不同窩」。這也許就是潛移默化的力量和耳濡目染的作用。如果你想成為一個睿智的人，你就要和睿智的人在一起；如果你想優秀，那你就要和優秀的人在一起。讀好書，交高人，乃人生兩大幸事。

三、窮,也要站在富人堆裡

　　日本教授手島佑郎,在研究猶太人的財商之後,得出一條結論:「窮,也要站在富人堆裡。」他後來還以此作為書名,寫成了一本暢銷書。猶太人認為,「站在富人堆裡」,是一種打通自己財路的方法。當今社會,人脈資源的重要性早已毋庸置疑,我們憑藉自己一人之力是很難成功的,而多結交一些有錢人,你就會發現,你賺錢的機會無形中增多了。而且,這兩者是成正比的,你的人脈檔次越高,你的錢就來得越快越多。不要再抱怨自己的財運不好,你應該明白不是你的財運不好,而是你沒找到發財的捷徑。因此,如果你希望自己的財路越來越廣,那麼,就趕緊走進有錢人的圈子裡吧,這已經成為很多生意高手為人處事的重要法則。

　　一位著名的企業家透過「十年修得同船渡」的方法結識許多社會名流,他的經驗是:「在每次出差時,我都選擇飛機的頭等艙。一個封閉的空間,不會有其他雜事或電話干擾,可以好好地聊上一

陣。而且搭乘頭等艙的都是一流人士，只要你願意，大可主動積極地去認識他們。我通常都會主動地問對方：『可以跟您聊天嗎？』由於在飛機上確實也沒事可做，所以對方通常都不會拒絕。因此，我在飛機上認識了不少頂尖人物。」

2005年，搜房網總裁莫天全與Trader公司的董事長John Mcbain共進晚餐。其間，John打算向搜房網投資2250萬美元，以換取15%的股份。當時的搜房網並不急缺資金，也不需要融資。因此，董事會的成員大多不同意John的入股。然而，莫天全卻與眾人的意見不同。他認為：John是全球最傑出的企業家之一，Trader是全球最大的分眾廣告傳媒集團，因此「對於公司治理、長遠發展和規劃，這兩者都能給予我們啟發和幫助」。

後來，正是因為John的幫助和引薦（John曾把Trader公司在大洋洲的地產資訊業務，全部轉讓給了澳大利亞電訊），搜房網迎來了2006年度最大一筆投資，澳大利亞電訊以2.54億美元收購搜房網51%的股份。

也許在正常人看來，這樁買賣沒有任何的意義，可是莫天全卻看到這中間的潛在商機，這就是一種會結善緣的能力。

假設你現在準備在生意場上大幹一場，那麼，你現在最缺的是什麼？你當然會回答「資金和技術」。那麼，如果你沒資金怎麼辦？如果你有足夠豐富的人脈資源，那麼資金和技術問題就能迎刃

而解了。

張景的生意路就體現了人脈的重要性。他的生意如今已經做到了海外，固定資產超過千萬，而十幾年前，他還只是一個來自河南鄉下的窮小子，他說：「我能有今天，靠的都是朋友的幫助。」

張景非常善於積累人脈，為了自己能認識更多的朋友，他隨身都帶著自己的名片。他說：「哪天要是出去沒有帶名片，我會渾身不自在，就像自己沒有帶錢出去一樣。」

大學畢業後，張景被朋友推薦去了一家珠寶公司任總經理，負責在上海籌建業務。工作期間，他認識了第一批上海朋友，其中有很多都是在上海的香港人。在這些香港朋友的介紹下，他加入了上海香港商會，又經推薦當上了香港商會的副會長。利用這個平台，他認識了更多在上海工作的香港成功人士。

後來，張景在朋友的推薦下開始投資房地產。由於當時上海的房地產已經開始火熱起來，有時候即使排隊都買不到房子。但張景透過一些朋友，不但很容易買到房子，而且花的錢更少。幾年後，在朋友的建議下，張景又陸續把手上房產變現，收益頗豐。據張景介紹，他目前的資產已經超過八位數，朋友則有兩三千個。他說，自己的事業得到朋友的幫助，才會這麼順利。包括開公司，介紹推薦客戶和業務等，很多朋友都會照顧我，有什麼生意會馬上想到我。

從張景一筆筆生意成功的事實中，我們能得到一些啟示，那就是要懂得給自己結一張關係網，在這張關係網中，有錢人越多，就越有機會賺到錢，越有可能實現自己的理想與抱負，這就是培養人脈的重要性。

然而，「站到富人堆裡」也並非易事，有一個著名的公關專家曾經說過這樣一段話：「要發展事業，人際關係不容忽視。費心安排的話，人際關係便能由點至面，進而發展成巨樹。有了巨樹我們才能在巨樹的大蔭下休息，坐享利益。社會地位越高的人，在拓展事業的時候人際關係越是重要。但是總不能因此就拿著介紹信要去拜會重要人物。就算登門造訪人家也未必有時間見你，因為執各界牛耳的人物，通常都排有緊湊的日程表，即使見面，大概頂多也不過5分鐘、10分鐘的簡短晤談，無法深入。所以，製造與這些人物深入交談的機會，非得另覓辦法不可。」

要想結交有錢人，我們必須要捨得付出，尤其是和錢打交道的生意人，最忌諱的就是捨不得付出。

有人說，生意捧的就是個人氣，如果你開的是家餐廳，你的人脈會帶朋友來捧場，如果你開的是家商品公司，你的人脈也可能會趁著節日採購大批購進你的商品，因此，只要積累高端人脈，建立更龐大的行銷網絡，生意就會越做越大。

> **塔木德啟示**
>
> 當今社會已經不是單槍匹馬就可以打天下的年代，任何一件事都需要人與人之間的通力合作。一個人是否能拓展自己的財路，在很大程度上來自他是否懂得借助有錢人的力量，是否能進入這張關係網。

四、出奇制勝方能脫穎而出

　　猶太人素來富有經濟頭腦，在經商的過程中，無論他們所做生意的類別是什麼，他們都喜歡出奇制勝。正是這些創新的方法，讓猶太人賺取了令人豔羨的財富。

　　猶太人洛克菲勒曾經說過這樣一句話：「要取得今天的成功，就要在教育與努力之外再加上這些要素——有創造性的、想像力豐富的心靈。」這句話告訴了我們創造性思維的重要性。的確，在資訊時代，任何成功者，都需要更快地發現商機。年輕人，你也應該記住洛克菲勒的話，並學會在日常生活中多開動你的大腦，培養自己的創造性思維和創造力。

　　洛克菲勒曾經在寫給兒子的信件中提到：「我相信，做任何事都不可能只找到一種最好的方法，最好的方法正如創造性的心靈那樣多。沒有任何事是在冰雪中生長的，如果我們讓傳統的想法凍結我們的心靈，新的創意就無由滋長。」

的確，我們處理任何事，都並非只有一種方法，我們若想找到最佳的方法，就要不斷改變自己的行為和思想，不斷發揮自己的想像力。要找出完美想法的最佳途徑，就要擁有許多想法。

在哈佛的學生中，一直流傳著他們的學長史蒂夫·鮑爾默先生的財富故事：

猶太人鮑爾默先生於1980年加盟微軟，他是比爾·蓋茲聘用的第一位商務經理。

鮑爾默從小就很聰明，在他讀高中的時候，他的母親帶他參加了全國性的數學大賽，在這次大賽中，他拿到了前10的好成績，並且拿到了哈佛的獎學金。

在哈佛學習的期間，鮑爾默拿到了雙學士學位——數學和經濟學學位。

鮑爾默曾經在一次新生開學典禮上說：「打開你的思路，放遠你的視線。」他說：「因為永遠有想不到的機會你沒有看到，可是這個機會會給你帶來一生驚喜的突變。」

這是鮑爾默對自己成功人生的精采詮釋。思路開闊、目光長遠的人，常常能夠想在人先，走在人前。

同樣，做生意如果也能做到出奇制勝的話，就會為我們帶來財富。

香港一家專營黏膠劑的商店，為了讓一種新型「強力萬能膠

水」廣為人知，店主用膠水把一枚價值千元的金幣黏在牆壁上，並宣稱：「誰能把金幣掰下來，金幣就歸誰所有。」一時，該店門庭若市，登場一試者不乏其人。然而，許多人費了九牛二虎之力，仍然徒勞而歸。有一位自詡「力拔千鈞」的氣功師專程趕來，結果也空手而歸。於是，「強力萬能膠水」的良好性能聲名遠播。當然，這家黏膠劑商店終於如願以償了。

在向客戶介紹產品時，充分鼓勵客戶嘗試的積極性是非常重要的。這樣一來，產品給他們的印象會更深。

當今社會，任何人要想賺錢，要想做好生意，都不能忽視思維的力量，那些頭腦靈活、擁有思想的人在這個社會更能打拚出路。因為在打拚的過程中，誰都會遇到難題，只有開發大腦、出奇制勝，才能做到運籌帷幄，也才能解決現下的難題。誠然，在難題面前，任何人都可能會產生一些焦躁的情緒，但焦躁對於事情的解決毫無幫助，我們只有靜下心來，才能冷靜地思考解決的方法。

生活中平庸者居多，這其中除了心態問題外，還有思維能力的原因。平庸者在遇到問題時，總是挑選容易的倒退之路。「我不行了，我還是退縮吧。」結果陷入失敗的深淵。成功者遇到困難，總能心平氣和，並告訴自己：「我要！我能！」「一定有辦法。」有時候，你覺得已經進入了死胡同，但事實上，這只是你沒有找到出路而已，而改變事物的現狀就是運用思維的力量，思路一變方法

就來，想不到就沒辦法，想到了又非常簡單，人的思維就是這樣奇妙。

拒絕新的挑戰是非常愚蠢的，而傳統型的想法是我們創造性計畫的頭號敵人。每一個年輕人都應該讓自己的思維變通起來，當大家都朝著一個固定的思維方向思考問題時，你不妨換個方向思索，以「出奇」去達到「制勝」。這種思維方式一旦運用到工作中，效率就會大大提高，你也可能會得到不同尋常、出其不意的成功。

總而言之，你若希望自己擁有一個靈活的頭腦，就要學會在日常生活中重視訓練自己的大腦，因為人的大腦就如同一台機器，長時間不使用，它的工作能力就會下降。

> **塔木德啟示**
>
> 21世紀的競爭實質上就是智力的競爭，誰擁有賺錢的智慧，誰就能在社會上如魚得水。如果沒有賺錢的智慧，只是用循規蹈矩的辦法掙錢、用錢，終究會被時代列車甩出去。

五、經商要看到市場背後的需求

每個商人都希望自己財源廣進,也就是希望不斷賺錢。要做到這一點,首先要看到市場背後的需求。一些猶太人就是憑藉商業頭腦在商界獨領風騷的。他們能夠根據當下的形勢分析出未來市場的需求,超前的意識和敏銳思維,能幫他們迅速地做出預測,採取行動,從而把握未來,成為事業上的先行者。

改革開放初期,有些人趕上機會,自己做起了生意,那個時候市場還一片空白,只要出手就能發跡致富;稍後,有些也渴望發財的人說,現在太遲了,要是頭幾年投資就好了。然而,就是在這樣的情況下,還是產生了大批的成功者。再過幾年,又有人感嘆:現在是真的太遲了。然而,成功者還是如雨後春筍般湧現出來。那些碌碌無為的人總是感嘆太遲了,而那些少數成功的人,卻總能找到市場契機,獲得一筆筆財富。

可見,任何一個渴望致富的人都要明白:無論你現在多大年

紀，無論現在市場情況如何，只要你有心尋找機遇，那麼，就沒有什麼來不及；只要你立即行動、大膽地去實踐，而不只是把它當成一個遙不可及的夢想，你就能實現你的財富夢。

在冰天雪地的阿拉斯加，把冰塊賣出去。聽起來似乎不可思議，但有一位銷售人員做到了，他在阿拉斯加的冰河裡收集冰塊，然後以1公斤3美元的價格賣給當地的客戶。他是怎麼做到的呢？

這位銷售員是阿拉斯加的食品商人，他並不把客戶當成是他的上帝，他甚至不急著去推銷他的產品。他首先努力使自己成為客戶的朋友，做他們的夥伴。他每天都花一定的時間和客戶在一起，去觀察和瞭解他們。他發現客戶都喜歡喝冰鎮的飲料，但是冰塊在飲料中容易融化，很快致使飲料變淡，影響口味。這個問題讓客戶很頭疼，但又束手無策。

他充分研究他們遇到的問題，查閱了大量資料，終於找到了解決問題的方法。他挖出阿拉斯加冰河底層的冰塊，這些冰塊因為有著成千上萬年的歷史，密度很大，融化的速度很慢，可製冷，卻不會稀釋飲料。

於是，他因為說明客戶解決了生活中的難題而獲得了他們的信任，得到了更多的商機。

這個故事告訴我們瞭解和開發市場需求的重要性。這位銷售員是高明的投資者，真正的投資絕不是投機，而是需要付出辛勞，需

要考驗投資者的眼光和智慧的。

美國的施樂公司在影印機行業擁有500多項專利，假如一個企業要花錢買它的500多項專利，製造出來的影印機會比施樂貴幾倍，根本沒有市場。因為專利壁壘的保護，施樂忽視了自己的缺點。

(1) 施樂影印機一般是大型機，雖然速度性能都很好，但是價格高達幾十萬、上百萬元，大企業也只能買得起一台。

(2) 大公司裡的影印機只能放在一個地方，不同樓層的人哪怕複印一張紙也要跑到那去，很不方便。

(3) 如果老闆要複印人員晉升、調薪等保密的檔案，難以交給專門的部門複印，因為難保會在某一環節洩密。

日本的佳能公司針對施樂存在的這幾個問題，積極開發設計小型影印機，不僅把價格降低，而且功能更加簡單易用，不必專門人員操作；小巧方便的設計讓個人可以擁有專屬的印表機，解決保密問題。就這樣，施樂在幾個細節上被佳能打敗了。

施樂這樣實力雄厚的公司，卻被佳能打敗了，說明了什麼？哪怕你的競爭對手再強大，你也能找到打敗他的方法。同樣，看似飽和的市場，只要你留心，就能找到突破點。

相對來說，大投資不可能做到兼顧各個方面，而低投資能彌補

這一不足，使投資更加豐富、完善。另外，在抵禦風險上，低投資有更強的靈活性。只要你擁有敏銳的眼光和靈活的手腕，完全可以加入競爭，走自己的路，賺自己的錢。

諾貝爾經濟學獎得主薩繆爾森教授曾經說過：「人們應當首先認定自己有能力實現夢想，其次才是用自己的雙手去建造這座理想大廈。」如果你有心尋找機遇，就不要有資金太少、起步太晚的顧慮。要知道，再難做的市場，也有人賺錢；再好的時機，也有人喪失了；再少的資金，也能致富；再多的財富，也會因為失誤而破產。在創業的道路上，大有大的方針，小有小的對策；早有早的模式，晚有晚的做法。想得到就有可能做得到，窮人不必氣餒。

的確，我們一定不能忽視的一點是：人是需求的來源者，哪裡有人，哪裡就有需求；不同的人有不同的需求，即使是那些大公司，也未必能面面俱到，就如案例中的施樂公司和佳能公司，佳能後來居上，製造出了彌補舊產品缺陷的產品。

經商的人們應該學習施樂公司的這種靈活變通的精神，著手從細微的角度做改進來贏得市場。有時候，看似細小的優勢卻會為你贏取巨大的機會。

塔木德啟示

市場的需求是源源不斷的,只要你細心觀察,勇敢行動,機會就會屬於你。放下資金太少、起點低或時間晚的那些顧慮吧,從現在起著手進行,收穫是遲早的事。

第 7 章

猶太人的契約精神，一紙契約最具約束作用

我們知道，猶太人是最會賺錢的民族。他們成功的秘訣，除了智慧還有誠信。猶太人是「契約之民」，他們在經商中最注重「契約」，只要是他們承諾過的，無論是紙本合約、還是口頭協定，他們都會遵守；他們也遵守商界的規則，從不偷稅漏稅。但是猶太人不是墨守成規的老實人，他們善於利用法律的漏洞，憑藉過人的智慧賺到更多的錢。

一、契約是與上帝的約定

我們都知道，猶太民族是世界上最聰明的民族，也是最會經商的民族。他們雖然四處漂泊、備受迫害，卻一次又一次的以富人的面貌出現在世界上。其實，猶太人之所以能成為富翁，不僅是因為他們有著過人的經商智慧，還因為他們是講究誠信、重視契約的商界君子。

猶太人是「契約之民」，他們在經商中最注重「契約」。猶太商人重信守約是有口皆碑的，任何人都知道，猶太人一經簽訂契約，不論發生任何問題，都絕不毀約。

猶太人認為，「契約」是和上帝的約定。猶太人由於普遍重信守約，做生意時經常連合約也不需要。他們認為口頭的允許也有足夠的約束力，因為「神聽得見」。

猶太人信守合約幾乎達到令人吃驚的地步。在做生意時，猶太人從來都是絲毫不讓、分釐必賺；但若是在契約面前，他們縱使吃

大虧，也會絕對遵守。在商界，第一個喊出「顧客不滿意保證退款」口號的就是猶太人羅森沃德。

當今社會，誠信在個人信譽和企業運作過程中的重要性已經毋庸置疑，事實上，我們任何一個人，無論是經商還是做人，如果想在未來社會站住腳，就必須培養說到做到、「言必信，行必果」的好習慣。一個有信義的人，才是有魅力的人。

一個星期天，宋慶齡的父親想帶全家去朋友家作客。

臨出門前，宋慶齡卻突然想起了什麼，跟母親說道：「今天我不能去伯伯家了！」「為什麼不能去，孩子？」母親不解地問。「我昨天答應小珍，今天她來家裡，我教她疊花。」宋慶齡說。「我原以為有什麼非常重要的事情呢？這好辦，以後再教她吧！」一旁的父親說完，拉著她的手就走。

「不行！不行！小珍來了會撲空的，那多不好呀！」宋慶齡邊說邊把手從父親的大手裡抽回來。「那也不要緊呀！回來後你就到小珍家去解釋一下，並表示歉意，明天再教她疊花不也可以嗎？」媽媽說。「不！媽媽，您不常說要信守諾言，我答應了別人的事，怎麼可以隨意改變呢？」宋慶齡還是堅守著自己的諾言。「我明白了，我們的慶齡是一個守信用的孩子，不能自食其言是嗎？」媽媽望著宋慶齡笑了笑，接著說：「好吧，那就讓我們的慶齡留下吧！」

夫婦俩放心不下家中的孩子，在客人家吃過中餐，就提前匆匆地回到家中。一進門，父親就高聲喊道：「慶齡，你的朋友小珍呢？」宋慶齡回答說：「小珍沒有來，可能是她臨時有什麼急事吧！」「沒有來，那你一個人在家該多寂寞呀！」母親心疼地對女兒說。「不，雖然小珍沒有來，家中只有我一個人，但是我仍然很快活，因為我信守了諾言。」宋慶齡說道。

宋慶齡之所以能成為令世人敬佩的女性，從小時候的信守諾言就能窺之一二。越是誠實的人，信譽就越高，就越能獲得人們的真誠信任。

因此，在競爭日益激烈的商戰中，我們也要講信用，負責任，有猶太人的契約精神。在經營企業的過程中，維繫企業的信譽是重中之重。

透過「賣信譽」而贏得公眾信任的例子在世界500強中不少見。這些企業之所以長盛不衰，正是因為在長期的運營進程中樹立了良好信譽。

> **塔木德啟示**
>
> 無論是經商還是創業，我們都要學習猶太商人遵守契約的精神。誠信是經商的法寶，這一點，無論何時都要牢記。

二、帶劍的契約才更安全

霍布斯曾說:「不帶劍的契約不過是一紙空文。」於是,法律應運而生了。在人類社會中,可以說,由國家武器保護的法律是對合作協定最有力的保證。

猶太人是最不輕信他人卻又最守契約的。他們在很小的時候就會被父母告知不能輕信他人。猶太父母會把孩子放在較高卻又不太危險的地方,然後鼓勵孩子說:「沒事,別害怕,大膽地跳下來吧,爸爸媽媽會在下面接住你的!」但是孩子跳下來時,他們又會任憑孩子摔倒。然後,父母會走過來跟孩子說:「孩子,你一定要記住,任何人告訴你的話都別輕易相信,即便是你認為最親的人。」

這樣的教育方式導致了猶太人既多疑又重信的性格。所以,猶太人與人做生意,只要簽訂了合約,就要求堅決執行。其中任何一方一旦違約,那他在猶太人的生意圈子裡就無法生存了。因為其他猶太人今後都會懷疑他的信譽,從而不願意與他做生意,甚至和他

斷絕來往。

在猶太人的字典裡，沒有「毀約」二字，但他們常常在不改變契約的前提下，巧妙地變通契約，為自己創造更大的利益。在猶太人看來，商場上最有約束力的並不是道德，而是法律，合法是經商的前提。

然而，我們在使用法律武器時，還需要注意：

1. 對合約和協議嚴格把關

簽訂合約是進行交易的關鍵環節，因此，在簽訂合約時應特別謹慎，從根本上降低對方違約的風險。其中要注意幾點：

(1) 樹立法律意識，科學貫徹合約簽署原則。

(2) 切記合約的合法、平等、協商和權利對等原則。

(3) 對於大宗買賣，最好請專門的法律顧問參與合約的簽訂。

2. 打銀行的牌

商家可讓法律顧問擬定有效的法律文書，讓雙方知曉違約的懲罰措施。在還款問題上，商家還可以引入銀行作為中間人，讓銀行向對方催收貸款，約定還貸款期限，如對方沒按期限歸還銀行貸款，由銀行對對方進行處罰。由於銀行更加受法律保護，商家更容易就範。

塔木德啟示

法律是契約得以實施的有力保證,因此商家在訂立契約時就要有法律依據,要合法。非法行為不僅得不到法律的保護,還會造成一些不必要的損失。

三、信譽是商業中的道德契約

我們都知道，人都生活在一定的集體中。制約我們行為的，除了法律外，還有道德的力量。

猶太人是誠信的代表，對於他們來說，哪怕是口頭協議，一旦答應，也要做到。所以，即便猶太人在商界獨領風騷，也給人們留下了「紳士」和「君子」的良好印象。在猶太商人之間，流傳著這樣一個故事：

有5隻猴子被放到一個籠子裡。主人將一串香蕉放在籠子的上方引誘猴子去拿。但一旦有猴子真的行動，主人就會用水去教訓「越界」的猴子，直到再也沒有一隻猴子敢拿香蕉。

之後，這個人用一隻新猴子替換籠中的一隻猴子。新來的猴子不知這裡的「規矩」，就伸手去拿香蕉，結果觸怒了原來籠子裡的4隻猴子，牠們代替人類執行懲罰任務，把新來的猴子暴打一頓。於是，新猴子在沒有人教導的情況下也學會了群體的「規矩」。

此人不斷地將最初經歷過懲戒的猴子換出來，直至籠子裡的猴子全是新的，但沒有一隻猴子再敢去碰香蕉。

這一寓言很好地展示了群體道德的出現。在道德最初的形成階段，規矩是依靠懲罰維持的。而一旦規矩內化到群體成員之後，新的成員也會加入保衛道德的行列。一旦有人違反道德規範，他就會成為眾矢之的，成為受譴責的對象。對於人類社會而言，眾多的道德維護了社會秩序的穩定，也保證了商業活動的有序進行。

松下電器公司在初創時只是一間鄉下的小工廠。那時候，作為工廠的領導者，松下幸之助總是親自出門推銷產品。在碰到砍價高手時，他總是真誠地說：「我的工廠是家小廠。炎炎夏日，工人們在熾熱的鐵板上加工製作產品，大家汗流浹背，依舊努力工作，好不容易才製造出了這些產品，依照正常的利潤計算方法，應該是每件××元承購。」

聽了這樣的話，對方總會開懷大笑，說：「很多賣方在討價還價的時候，會說出種種不同的藉口。但是你說的很不一樣，句句都在情理之中。好吧，我就按你開出的價格買下來好了。」

可以說，松下幸之助的成功，就在於他維持了商人誠信的道德。

然而，現實生活中卻總是有一些人不相信這一點，他們認為商業競爭不過就是一場爾虞我詐的遊戲，硬要走向另一端，既損害了

別人，又讓自己吃盡苦頭；他們青睞交際中的欺騙並自鳴得意，殊不知，他們在獲得一份利益的時候，卻喪失了一份未來發展壯大的可能性。

孔子的弟子曾子有句話：「吾日三省吾身：為人謀而不忠乎？與朋友交而不信乎？傳不習乎？」作為一個有德行、對社會有責任心的人，在社會交往中恪守誠信，是十分必要的。一個做事做人均無信的人，是很難在社會上立足的。正如孔子說：「言而無信，不知其可也。」

以誠相待是現代社會人際交往中最重要的準則，大多數矛盾都能用誠信的辦法加以避免。只有真誠待人，才可能贏得良好的聲譽，獲得他人的信任，將可能發生的矛盾化解在無形之中。因此，如果你還在利益與誠信這二者之間徘徊，你應該克服言而無信的弊端，選擇誠信就不會缺少利益。

馬丁‧路德在被判死刑時，對他的敵人說：「去做任何違背良知的事，既談不上安全穩妥，也談不上謹慎明智。我堅持自己的立場，上帝會幫助我，我不能做其他的選擇。」

誠信不僅能帶來利益，還能帶來名譽。美國偉大的建築師法蘭克‧勞埃德‧萊特在美國建築學院發表演說時說：「什麼是人的名譽呢？就是要做一個正直的人。」

塔木德啟示

利益面前，我們必須克服自身的貪念，不要企圖在交際中欺騙他人，更不要耍小聰明，因為誠信是一種品牌！

四、無論賺錢還是做人，
　都要遵守一定的秩序

　　猶太民族是多災多難的民族。他們在歷史上遭到反覆驅逐和屠殺，長期沒有國家，但他們似乎生來就是世界的公民，他們在全世界建立了一套良性的經商體系和秩序，依靠自己的智慧擺脫了貧窮和落魄。

　　洛克菲勒被很多商界人士奉為神話，他在美國積聚的個人財產，比Ｊ・Ｐ・摩根、哈里曼、杜邦、卡內基或者19世紀任何其他大富豪的財產都大得多。而他之所以坐擁眾人羨慕的財富，與他的經商之道是不無關係的。他曾經在商圈中建立了一套人人敬畏的商業體系──他重視窮人的利益，為窮人服務。

　　班森曾想要打破洛克菲勒建立的商業體系。那時候，洛克菲勒剛剛打敗了全美最大的鐵路公司──賓州鐵路公司，並成功制服了全美第四家也是最後一家大型鐵路公司──巴爾的摩・俄亥俄鐵路

公司。就這樣,連同他最忠實的盟友——伊利鐵路公司和紐約中央鐵路公司,全美四大鐵路公司全都成為他手中馴服的工具。可以說,此時的洛克菲勒的生意蒸蒸日上,並且,他掌管的標準石油公司的管道正一步步地延伸到油田,這更讓洛克菲勒獲得了主要鐵路幹線和油井的絕對控制權。

班森要鋪設一條從布拉德福德油田到威廉斯波特的輸油管道,去拯救那些唯恐被洛克菲勒擊垮,而急欲擺脫洛克菲勒束縛的獨立石油生產商們。當然,想從中大撈一把的念頭更支配著他勇闖禁地。

面對班森的各種奇招怪招,洛克菲勒只是保持了「維持低價」的商業秩序。

班森想要大撈一筆的想法最終落空了。

洛克菲勒一直堅持一個觀點:無論做人還是做生意,都要遵守一定的秩序,遵守秩序,會保證我們在正確的軌道上行進。洛克菲勒被譽為商界之神,就是因為他不僅遵守而且主動維護商界秩序,他對窮苦人民的利益的保護動機,絕不允許任何人破壞。他曾說:「我賺的每一分錢都是光明正大的。」

在商業活動中,無論你現在處於什麼樣的地位,擁有多少財富,始終都要記住,不要去動搖大部分人看好的秩序。

塔木德啟示

得人心者得天下。保證絕大多數人的利益，他們就會為你投一票，你的信譽度會大大的提高，你的錢包也會因此鼓起來！

第 8 章

在談判中獲勝，
在討價還價中獲取最大利潤

隨著社會法制的建立與健全，談判成為了一種溝通思想、緩解矛盾、維持和創造社會平衡的手段。無論是國家大事、外交事務，還是一般的商務活動，都免不了談判。對於猶太商人來說，商務活動也離不開談判。他們會透過各種方法掌握對手的資訊和資料，以此來提升談判成功的機會。因為，誰先掌握主動權，誰就拿到了勝利的籌碼。

一、談判前先做好充分準備

猶太人在經商的過程中，經常遇到要談判的情況，為此，他們十分注重談判技巧的培養。猶太人在談判中，從來不貿然行動，他們總是在瞭解了對方的情況後才採取行動。正如猶太格言說的：「與其迷一次路，不如問十次路。」

在這個商業化的資訊時代，我們時時刻刻都面臨著形形色色的談判。古人云：「天外有天，山外有山。」在現代的交涉和談判中，強中自有強中手。談判打的就是一場心理戰。任何一個談判者都不願當傻瓜，都想要取得自己的利益。他們往往會隱瞞自己的真實意圖和需求以便佔據有利的談判地位。因此，我們若要順利達到自己的目標，就要做足準備。

一位美國商人因為畫的價格而與印度商人開始了談判，原來，印度商人對於自己的其他畫都開價在10美元左右，唯獨對美國人看上的幾幅畫要價在250美元。

美國商人想要還價，誰知道印度商人突然將其中的一幅畫當場燒掉了。美國商人雖然心疼，但還是不願意花費高價。於是，印度人又燒掉了一幅。

最終，這個愛畫如命的美國人再也沉不住氣了，只好花了更高的價格把剩下的畫買了下來。

可以說，現實生活中的博弈，就是一場鬥智鬥勇的過程。知己知彼，百戰不殆，誰掌握了對方更多的弱點，就越容易找到談判的突破口。在上面的例子中，印度商人正是因為掌握了美國商人對畫的愛惜才最終取得了談判的成功。

現實生活中，我們在談判過程中，也可以採用這一方法。即使再強大的人，也會有其弱點。

我們要想戰勝對手，就要先做好準備工作。只有找到對方的軟肋，然後挖掘自己的強項，才能以強制弱，提高自己勝利的機率。那麼，具體來說，我們該如何做呢？

第一，先收集資料，資料收集得越詳細越好；

第二，仔細研究資料，找到對方的弱點和長處；

第三，掌握好時間，儘量在對手毫無察覺的情況下迅速出手，給對方一個措手不及。

總之，要想打敗別人，必須要多動腦筋，做足準備，善於抓住他人的軟肋。

> **塔木德啟示**
>
> 談判是人與人的較量，我們要運用穩妥而謹慎的談判策略。在過招前，應該先做足準備工作，多瞭解對方，抓準對方的弱點。

二、不要帶著任何情緒進入談判

　　在很多領域，人們都需要透過談判來解決問題。因此，如何成功說服談判對手是很多人需要考慮的事。成功的談判首先要求我們在談判中做到冷靜處理、言談謹慎。不要帶著任何情緒進入談判。

　　猶太商人認為，在談生意的過程中，沒有什麼比陷入突如其來的怒氣更能造成災難的了。加強自我情緒管理就能帶來平靜和財富。猶太聖典《塔木德》上說：「純潔簡樸的生活、良好的道德和快樂的天性，要勝過醫生或藥品所能為我們提供的一切。」美國億萬富翁、工業家卡內基也說過：「一個對自己的內心有完全支配能力的人，對他自己有權獲得的任何其他東西也會有支配能力。」

　　每個猶太人都注重培養自己的好脾氣。任何談判實質上都是打的心理戰，誰主動暴露自己，誰就容易先敗退；要想克敵制勝，就必須讓對方摸不清虛實。很多時候，對方會採取一些擾亂你情緒或者試探你「底牌」的方法。此時，你一定要小心謹慎，不要輕易暴

露你的喜怒。在無法瞭解你真實意向的情況下，對手就不會輕舉妄動。

曾經有一名政黨的領袖指導一位參加參議員競選的候選人，教他如何去獲得多數人的選票。這位領袖和那人約定：「如果你違反我教給你的規則，你得接受被罰款10塊。」

「行，沒問題。什麼時候開始？」那人答應。

「現在就開始。我教給你的第一條規則是：無論別人怎麼損你、罵你、指責你、批評你，你都不許發怒；無論人家說你什麼壞話，你都得忍受。」

「這個容易，人家批評我，說我壞話，只會給我敲個警鐘，我不會生氣。」

「好的，我希望你能記住這個戒條，這是我教給你的規則當中最重要的一條。不過，像你這種呆頭呆腦的人，不知道什麼時候能記住。」

「什麼！你居然說我……」那個候選人氣急敗壞。「拿來，10塊錢！」「哎呀，我剛才破壞你教給我的戒條了嗎？」「當然，這條規則最重要，其餘的規則也差不多。」「你這個騙子……」「對不起，又是10塊錢。」領袖攤開雙手道。「賺這20塊也太容易了。」

「就是啊，你趕快拿出來，這是你自己答應的。如果你不拿出來，我就讓你臭名遠揚。」

「你這隻狡猾的狐狸！」

「對不起，再拿10塊錢。」

「啊，又是一次，好了，我以後再也不發脾氣了！」

「算了吧，我並不是真的要你的錢，你出身貧寒，你父親的聲譽也壞透了！」

「你居然敢侮辱我的父親！你這個惡棍！」

「看到了吧，又是10塊錢，這回可不讓你抵賴了。」

這一次，那位候選人心服口服了。那位領袖鄭重地對他說：「現在你總該知道了吧，克制自己的憤怒並不容易。你要隨時留心，時時在意。10塊錢倒是小事，要是你每發一次脾氣就丟掉一張選票，那損失可就大了。」那位候選人終於明白了這位領袖的苦心。

生活中，有些人就像故事中的這位候選人一樣，控制不住自己，容易發怒。實際上，胡亂發脾氣根本解決不了任何問題，反而會把事情弄得更糟。

可以說，我們要想成功談判、做成生意，就必須控制好自己的情緒。不論在談判中遇到多麼令人氣憤的觀點，我們都不能說出肆無忌憚的話，因為隨心所欲地說話是談判的大忌。

那麼，我們該怎樣做到控制好自己的情緒呢？

1. 加強自身修養

　　一個具備良好修養的人，是不會輕易動怒或者生氣的。所以，為了使談判成功的機率更高，就要加強自身的修養，使自己更加寬容大度，具備耐心。

2. 始終冷靜地說話，別讓情緒出賣你

　　談判中，當對方提出的某些條件讓你覺得不可思議，甚至觸犯了你的底線時，你可能會憤怒。但此時，你要明白，在涉及利益的談判中，憤怒只會洩露你的內心情況，為此，要銘記，始終冷靜說話，不要讓情緒出賣你。

3. 以平和的口氣對待客戶

　　以銷售中的談判為例，假如客戶所說的某些話是錯誤或不真實的，銷售員絕不能直接反駁，那會讓客戶很沒面子，甚至與你大動肝火；如果客戶所說的話是無關緊要的，銷售員就更加可以不置可否，繼續談話；如果客戶對於你的產品或服務有誤解，你就應該採取先肯定後否定的談話方式，如「您說得沒錯，但……」也就是先同意對方的觀點，然後再以一種合作的態度來闡明自己的觀點。

4. 保持客觀公正的態度

一般來說，我們若想談判成功，就必須要探知對手的內心世界。但無論使用什麼方法，一定不要讓他知道你的企圖。因此，在說話時，你要保持公正客觀的態度。如果你說話時帶有某些情緒色彩，就很容易被對方識破。你探知對方的企圖越明顯，對方越會覺得你「圖謀不軌」；但你如果只是不經意地提問，他就會沒有抵抗心理，將真實意圖脫口說出。

5. 注意遣詞用句

談判中，我們在遣詞用句上要特別留意。說話時態度要誠懇，對事不對人，切勿傷害了對方的自尊心。

塔木德啟示

作為商人，在談判中一定要謹記：無論如何，我們隨時要保持良好的談判態度。面對談判的種種狀況，只有拿出耐心和誠意，心平氣和地與對方溝通，才能讓談判變得順利。

三、沉默應對，以靜制動

老子所著的《道德經》中有這樣一句話：「虛而不屈，動而愈出。」這句話告誡人們要學會「抱樸守靜」，以靜制動。只有把激烈的情緒平息下去，以一種清靜、冷靜的心態，敏銳地觀察事物的運動變化，才能抓住突破口，迅速出擊，克敵制勝。這個道理同樣適用於商業活動中的談判。

猶太聖典《塔木德》中有這樣一句話：「在某些時候，沉默比什麼話術都有效。沉默就是力量。滔滔不絕、口若懸河並不是談判的全部。能夠以變應變，立足現實，以異乎尋常的方法反其道而行的人，才會成為商場上的最大贏家。」事實上，很多談判者的最大弱點是不能耐心地聽對方發言。他們認為自己的任務就是談自己的情況，說自己想說的話和反駁對方的反對意見。在談判中，他們總在心裡想下面該說的話，卻不注意聽對方發言，忽略了許多寶貴資訊。

在重大的談判當中,一定要言談謹慎。如果缺少了冷靜,被凝重的氣氛和壓力擊垮,也就不可能贏得談判。為了贏得談判,在談判中,我們就必須具備健康穩定的心理,保持冷靜,並且善於察言觀色。

當愛迪生發明了自動發報機之後,為了能獲得一筆建造新的實驗室的經費,他準備出售這項發明。但一個把大部分時間花在實驗上的發明家哪裡知道當時的市場行情,他根本不知道這項發明能賣到多少錢。於是,他叫來自己的妻子米娜,準備與其商量一下。而米娜也不知道這項技術究竟能值多少錢,她一咬牙說:「要2萬美元吧,你想想看,一個實驗室建造下來,至少要2萬美元。」

愛迪生笑著說:「2萬美元,太多了吧?」

米娜見愛迪生一副猶豫不決的樣子,說:「我覺得可以,要不然,你賣時先套套商人的口氣,讓他先開價,然後你再說價。」愛迪生同意了這種方法。

紐約的一位商人聽說愛迪生要賣自己的這項發明後,很高興,很快便與愛迪生取得了聯繫。談判開始後,這位商人很快就問到了發明的價錢。愛迪生採取了妻子的建議,沉默不語。

商人幾次追問都沒有結果,終於耐不住了,說:「那我先開個價吧,10萬美元,怎麼樣?」

愛迪生大喜過望,這個價格遠高於他的預期了,所以不假思索

地當場就和商人拍板成交。後來，愛迪生對他妻子米娜開玩笑說，沒想到晚說了一會兒就賺了8萬美元。

案例中，愛迪生之所以能得到比預期多出的8萬美元，就是因為他保持了沉默，採用了以靜制動的手段。俗話說：沉默是金。我們在談判時也需要沉默，這樣才會取得更多的利益。

劉先生準備買一台新車，但是他必須先把自己那部舊的老爺車處理掉。他在心中打定主意，在出售這部舊車的時候，賣價一定不能低於3萬元。之後，有一個買主前來看車，在雙方談判交易金額時，買方對這部舊車的各種問題滔滔不絕，但是劉先生始終一言不發，任憑買家不停地發言。

買主看著沉默的劉先生，終於停止了批評，說道：「這部舊車我最多只能出價5萬元，再多的話，我就不要了。」劉先生因為自己的冷靜幸運地多賺了2萬元。

人們常說：「沉默是金」，談判中，劉先生保持沉默，始終一言不發，於是，無論買家怎麼貶低這部舊車，也摸不著他的底細，只能先出了一個吃虧的價。

當然，保持沉默也要有度。畢竟，談判中一語不發的人怎麼可能達成交易？和對手比耐心固然沒錯，但一旦對方做出一些合理的讓步，比如：「好吧，我再讓步5%，這是最後的讓步，如果你不同意，那麼現在就終止談判。」我們就要識時務，做出回應。如果

你繼續沉默,那麼,對方很可能會認為你已經無意於這筆交易。

一位姓張的老闆因為經營不善,想要變賣原先的工廠,改行做其他生意。因為工廠的器材都還是很新的,所以他希望能賣一個好價錢,但是他需要儘快給員工發薪水,所以不能等待最好的買家,他心想:「能賣多少算多少吧,這錢要儘快到手。能賣到4百萬元最好了,如果別人砍價砍得兇,3百萬元我也咬牙賣了。」

一位買家想儘量壓低價格,因此在看完機器後,挑三揀四地滔滔不絕。張老闆知道這是砍價的前奏,於是耐著性子聽著,沒有反駁。

買主終於轉入正題:「說實在話,我不想買,但要是你的價格合理,我可以考慮一下,你說個最低價吧。」

張老闆還是沉默著,他心裡還猶豫著要不要賣呢。沒想到,就在他沉默時,買主又開口說:「不管你想著怎麼提價,首先要說明的是,我最多給你6百萬元,這是我出的最高價。」

張老闆沒有想到,自己就靠著沉默,多賺了3百萬元。

巧舌如簧並不總是談判的最佳策略。談判打的就是一場心理戰,在沒弄清對方的意圖前不要輕易地表態。沉默有時不僅能夠迫使對方讓步,還能最大限度地掩飾自己的底牌。一般來說,買賣雙方,在內心都有自己理想的成交方案。你的方案是已知的,如果你不清楚對方的方案,就不要貿然開口,務必要設法瞭解到對方的方案再做出進一步的行動。

> **塔木德啟示**
>
> 談判過程中，不要誤以為滔滔不絕才能贏得先機。適時地沉默，引而不發，可以給對手一種特殊的心理壓迫，攻破對手的心理防線，從而幫助我們成功地達到談判目的。

四、談判前多準備幾套方案

　　猶太人在經商上的智慧是顯而易見的。他們從不打無準備之戰，而是會充分掌握瞭解對手的情報，避免在談判的時候被對方牽著鼻子走。另外，猶太商人還認為，談判之前，如果不多準備一分方案，在談判的時候就會手忙腳亂，將自己的不足和缺點輕易暴露在對手的視野中。

　　我們對於談判前的準備工作，也一定要思慮周全，多準備幾套方案。畢竟同一套方法不一定都適合所有人。聰明的人在規劃草案的時候，都會多一手準備，這樣，就會多一分把握。

　　有一批外商要到來購買棉布。A紡織公司透過熟人，很快就得到了這一消息。因此，他們準備先請這些外商吃飯，搞定這批生意。但就在飯桌上，A公司代表發現，與這些外商聯繫的，同時有好幾家公司，在價格上，他們公司並沒有優勢。這就是為什麼這些外商遲遲不肯成交的原因。

A公司的談判人員對此情況有點不知所措。但公司總經理早就料到了同行競爭的存在，於是，多準備了一份談判備案。原來，A公司經過調查發現，這些外商雖說要購買棉布，卻沒有透露這批棉布是用於醫療衛生方面的。而能符合醫用標準的，只有A公司的產品。也就是說，A公司比競爭對手有著更大的產品優勢。在後來的談判中，A公司的談判代表就著重強調自己產品的醫用標準，最終拿下了訂單。其他的競爭公司十分不解，為什麼這些外商會選擇價格比他們都高的A公司。原因就是他們缺乏調查，沒有準備合適的備案。

　　任何一位客戶，為了能購買到質優價廉的產品，都會貨比三家，這就導致了銷售方之間的競爭。如何才能在這些競爭中始終立於不敗之地？其實很簡單，那就是比別人多準備一份備案，這樣，才能以不變應萬變。案例中的A公司之所以能賣出自己「貴」的產品，就在於他們掌握了購買方對產品最重要的要求，並且提前做了備案。

　　好的銷售是透過做多手準備才顯得靈活應變的。下面故事中的小李就是一個例子：業務員小李是一名企業培訓課程推銷員。一直以來，因為他很機靈，總是能把話說到客戶心坎裡，所以他的業績都很好。這天，他又來到一家公司推銷。

　　小李：「董事長啊，您是不是正因為職員缺乏幹勁而困擾

呢？」

董事長：「就是說啊，最近無論是職員還是管理幹部都很鬆懈，害我沒辦法處理其他工作呢。」小李：「（點頭）果然是這樣。剛好我手邊有一項研習活動，可以提高管理幹部的幹勁，您要不要聽聽看呢？」

董事長：「是嗎？這倒很有意思。」

接下來，不到3分鐘的工夫，小李成功推銷了這項活動。

可能你會猜想，萬一小李沒猜中呢？其實，沒猜中的話，他也模擬了一套自己的應對策略。小李：「劉總，您現在最困擾的是不是員工缺乏積極性的問題呢？」

劉總：「我現在真是顧不上他們的積極性問題了，現在是人都不夠。」

小李：「（點頭）原來真的是這樣啊，看來我沒將我的想法表達清楚。貴公司的員工其實一直都是比較努力的，但如果人手不夠，他們花在工作上的時間和精力太多，時間長了，大家也會洩氣的。現在，我們公司正好有個人才招聘專案是針對您這種情況的，讓我簡單為您說明一下吧？」

業務員小李出色的應變能力來源於事前充足的準備，因此不論對方如何回答，他都能抓住對方說話的漏洞，順著他的意思往下說。

多準備幾套方案這一策略不僅可以運用於銷售活動，還可以應用到生活中和與人交往的各類活動中，尤其是商業談判。

具體來說，多準備幾套方案需要這樣做：

1. 事先瞭解，不打無準備之戰

事先多瞭解情況，能幫助我們順利做好接下來的溝通工作。拿銷售工作來說，並不是讓客戶看了我們的方案就能將產品或者服務賣出去，我們還需要解決更多臨時的問題。讓客戶從頭到尾都滿意，銷售工作才能有效果。

2. 多準備幾套方案

以故事中的情況為例，如果我們沒猜中客戶的苦惱，那麼，就要揣測好會出現另外一種什麼情況。然後，針對這種情況，你需要提供新的方案。如果客戶存在的問題你並不能解決，那麼，你們的溝通就會前功盡棄。因此，我們需要對客戶或交涉對象多做瞭解，多備幾套方案。

3. 預測各種方案的說服結果

如果你制訂了3份預案，那麼，你就要對這3份預案的結果進行預測，這樣做的好處在於減少失誤。因為很多時候，即使你準備

了多套方案，在具體執行的過程中，也會因為各種因素而出現我們無法駕馭的意外情況。

4. 儘量完善你的方案

沒有誰能保證交涉的絕對順利，你的方案越是完備，勝算的把握就會多一分。例如，在考慮具體的交談場景時，你不僅需要知道對方更喜歡什麼樣的場所。還要知道對方喜歡什麼口味的酒水、飲料和點心等。這都是一些細節性問題，當然，要瞭解這些，你就要做足調查。

5. 別忽視自己

在整個準備方案的過程中，也需要考慮我們自身的情況。你需要讓對方知道的是，你能為對方做什麼、帶來什麼利益，你該怎樣才能給對方留下好印象，談吐舉止上需要注意些什麼，對方更喜歡與什麼性格的人交往……

6. 反應敏捷，以最快的速度回答對方

你回答的速度越是敏捷，越能顯示出你對於對方真的瞭解，越是能迅速把你帶到對方希望呈現的語言環境中。

塔木德啟示

談判中，要達到我們的目的，並非易事。除了要瞭解對手的資訊外，還需要多做幾手準備，要綜合考慮、觀察各方面的因素，方能減少失誤，實現預期的目標。

第 9 章

學習猶太人的生存哲學

> 猶太人在長期的漂泊生涯中，練就了堅韌不拔的精神。他們是典型的現實主義者，信奉「以利驅人」的原則。他們認為，利益是取捨一切的標準，因此拚命地賺錢以獲得安全感。熱愛賺錢並不表明猶太人是十足的功利主義者，這只是他們的生存哲學。實踐證明，對於任何人來說，心存現實主義，都是實力不佳時自我保護的有效策略。

一、學習猶太人忍耐制勝的法則

　　石油大王洛克菲勒曾說過這樣一句話：「忍耐並非忍氣吞聲，也絕非卑躬屈膝。忍耐是一種策略，同時也是一種性格磨練，它所孕育出的是好勝之心。」這句話道出了猶太人全部的忍耐哲學。猶太人認為，在某種場景下，看似委曲求全，實則是對整個局面運籌帷幄。大凡做出一些成就的人，必定經受過一些磨難。

　　洛克菲勒是個崇尚平等的人。但是在遇到一些需要商量的問題時，他的合夥人克拉克卻總是擺出一副趾高氣揚的架勢，從不把洛克菲勒放在眼裡。在他看來，洛克菲勒似乎並不是自己的合夥人，而是一個打雜的小職員。他甚至貶低洛克菲勒除了管錢和記帳外一無所能。雖然洛克菲勒厭惡克拉克的這些行為，但他知道容忍的重要性。於是，他裝作充耳不聞，只是在內心告訴自己：超過他，你的強大是對他最好的羞辱，是打在他臉上最響的耳光。

　　最終，洛克菲勒實現了自己的抱負，然後終止了和克拉克的合

作。

洛克菲勒為什麼能做到在羞辱面前容忍讓步呢？因為他考量了當前的形勢：對克拉克大發雷霆不僅有失體面，更重要的是，它會給合作製造裂痕，甚至讓對方把實力尚且弱小的自己一腳踢出去；而一時的容忍可以維護團結，形成合力，讓雙方的事業越做越大。

生活中的人們，請記住洛克菲勒的忠告：在任何時候衝動都是我們最大的敵人。如果忍耐能化解不該發生的衝突，這樣的忍耐永遠是值得的。

相傳，勾踐戰敗後，接受了大臣文種的建議，收買了吳國太宰伯嚭向夫差稱臣納貢求降。夫差答應了，卻在吳國對勾踐夫妻極盡羞辱。但勾踐在夫差面前表現得十分恭敬，稱自己為賤臣，小心翼翼，百依百順。夫差要上馬，勾踐就跪下來讓夫差踏在自己的背上。夫差生病了，勾踐在夫差面前寢食難安，問病嚐糞，嘴裡一邊吃著夫差的大便，還一邊表露自己的忠誠之志：「恭喜大王，大王的病就快好了。」

就這樣，勾踐以自己的忠誠打動了夫差，終於得以回到越國。

在吳王夫差面前，勾踐簡直跟奴才差不多，甚至比奴才更卑賤。不僅受到了夫差的百般侮辱，而且嘴裡還感激夫差不計前嫌以德報怨，並自稱「賤臣」。這樣的侮辱和苦難不是普通人可以忍受的，但勾踐都一一忍耐了過來。其實，他之所以在夫差面前百般受

辱，都是為了贏得夫差的信任，為了早日回到越國去實現復國大計。

> **塔木德啟示**
>
> 任何一個人在追尋目標的過程中，都將註定經歷苦難和荊棘。那些被困難、挫折擊倒的人，終究要忍受生活的平庸；而那些戰勝苦難、挫折的人，就能夠突破重圍，贏得成功。我們在追尋目標的過程中，一定要學會忍耐，因為忍耐是對勝利的一種執著。

二、記住以利驅人的原則

　　我們都明白社交的重要性。但是，又是什麼帶動了雙方交涉呢？答案之一就是利益。猶太商人曾提出「以利驅人」的原則。在猶太商人看來，商業活動中，沒有永恆的朋友，只有永恆的利益。因此只要抓住這一原則，人際交往中，無論你想達到什麼目的，都能有跡可循。

　　在商業交涉活動中，雙方都會竭盡全力維護自己的利益。因此，賣方必當想方設法抬高產品的報價；而買主總會挑出產品的不足，不斷砍價。雙方勢必都會找出無數的理由來支持自己的報價，最終談判或者陷入僵局，或者一方不得不做出讓步，最大可能是雙方經過漫長的多個回合，各自都進行了讓步，從而達成一個中間價。

　　但是，在商業活動中，如果大家都遵循同樣的交涉原則與技巧，往往會使彼此間的交談陷入一種誤區。傳統的堅持立場而非利

益的交涉方式常常會導致雙方不歡而散，以致破壞了雙方今後的進一步合作機會。而抓住對方的心理，從對方所渴求的利益說起，或許會取得截然不同的效果。

1972年，國際象棋世界冠軍挑戰賽在美麗的冰島首都雷克雅維克舉行。

在這一年之前，這一比賽的冠軍寶座一直被蘇聯包辦。而這場比賽中，來自美國的象棋選手鮑比·費雪卻顯露了自己特殊的才能，他過五關斬六將，贏得了向衛冕冠軍前蘇聯選手伯里斯·斯帕斯基挑戰的機會。這是24年來第一次由兩個不同國籍的棋手爭奪世界冠軍，該比賽甚至被稱為「世紀之戰」。

最終，不負眾望，鮑比·費雪贏了，成績是125：85，他成為國際象棋史上第11位世界冠軍。

這個特殊的時刻被世人記錄下來了，而作為這場比賽的舉辦國——冰島，也因此成為全世界關注的焦點，並在一夜之間被人們熟識。

1992年，鮑比·費雪因違反美國政府禁令，進入正被美國實施制裁的南斯拉夫境內參加比賽而被美國通緝。無奈之下，費雪向世界其他國家尋求政治庇護。

此時，冰島站了出來。冰島媒體這樣評價此事：「是鮑比·費雪讓冰島在世界地圖上佔有一席之地。」英國媒體也認為：「冰島

人民為了表達感激之情，用提供庇護的方式來報答鮑比・費雪先生。」

冰島對鮑比・費雪的庇護，體現了互惠原則。一場因為鮑比・費雪獲得冠軍的世界象棋挑戰賽，讓世界人們熟識了冰島這個國家。為了回報鮑比・費雪給冰島乃至冰島人民帶來的榮譽，他們主動站出來，解了鮑比・費雪的困局。

我們在談判中也可以利用「以利驅人」的手段。

具體來說，我們可以這樣做：

1.「投入比例小」利益法

在我們心中，如果我們希望對方以某個條件答應成交，就需要讓對方覺得，在這樣的條件下達成共識是利益最大化的。比如，在商務談判中，我們可以利用產品價格對比法，也就是銷售人員用所推銷的產品與同類產品進行比較，用較高的同類產品價格與所談的產品價格做對比，從而讓客戶明顯感覺該產品最便宜。運用這一策略時，我們手中至少要掌握一種較高價格的同類產品，當然，掌握得越多，可比性越強。

2. 為顧客計算性價比

很多消費者在購買東西的時候，會考慮產品的性價比。不僅是

商品價格高低，顧客們還希望衡量商品的品質、功能等因素。但並不是所有客戶都能對自己所要購買的產品都有足夠的瞭解，很多時候，客戶會忽視一些重要的細節，從而對商品的性價比產生質疑。

所以，商務活動中，業務員要準確及時地傳達給客戶與商品品質相關的資訊，儘量讓客戶全面地瞭解商品品質，並以此為客戶計算出性價比，讓客戶一目了然地看到商品的品質與價錢之間的內在關係，消除其購買前的疑慮。

總之，欲使對方接受我們的交涉意見，就需要明確地表達出某種誘人的利益。當然這種利益絕對不能是無中生有的，「空中樓閣」的唯一結局就是土崩瓦解。

> **塔木德啟示**
>
> 爭取最大的利益，是商業活動的最終目的。利益也是人際交往的死穴。如果你能攻進一個人或一個企業甚至是一個國家的死穴，展示令人垂涎的利益，就能讓對方心服口服。

三、遭受侮辱是因為能力欠佳

　　猶太人認為，忍一點晴空萬里，讓三分海闊天空。面對人際紛爭和來自他人的侮辱，猶太人不主張正面衝突。正是因為有忍辱負重的氣魄，猶太人才能在屢遭驅逐和迫害的情況下生存下來，並最終擁有令人羨慕的財富。

　　洛克菲勒說：「除去惡意，我想我們之所以會遭受侮辱，是因為我們能力欠佳。這種能力可能和做人有關，也可能與做事有關，總之不構成對他人的尊重。」實際上，洛克菲勒能成為標準石油公司的總裁，能坐擁億萬家財，正是因為他有一顆能忍耐的心。洛克菲勒曾經講述過自己童年時的一次經歷：

　　一天下午，學校老師告訴同學們，有位攝影師要來拍他們上課的情景照。對於像洛克菲勒這樣的窮人家的孩子來說，能拍照確實是一件奢侈的事。當他聽到這個消息後，內心雀躍起來。他甚至想像著自己要怎麼擺好姿勢、怎麼笑。

但就在他做好一切準備，興奮地盯著攝影機時，攝影師突然說：「你能讓那位學生離開他的座位嗎，他的穿著實在是太寒酸了。」洛克菲勒羞憤欲死，但是他只能默默地站起身，然後離開了那個富家子弟組成的攝影隊伍。

在那一瞬間，洛克菲勒感覺自己的臉在發燒。那一刻，他暗暗地下決心：總有一天，我會成為世界上最富有的人！讓攝影師給我照相算得了什麼！讓世界上最著名的畫家給我畫像才是驕傲！

很多年後，洛克菲勒已經成為了世界級的大富豪，但他仍然珍藏著這張沒有他本人的照片。當初的侮辱是一股強大的動力，催促他不斷奮進，讓他成為了自己想成為的人。

生活中的人們，你若想功成名就，就要做到「忍辱負重」。正所謂「小不忍則亂大謀」。在千變萬化的社會中，每個人難免遇到跌跌撞撞，當置身於受辱的環境中時，只有懂得忍耐，鼓足勇氣挺下去，這樣我們才能取得最後的勝利。

高爾基說過一句名言：「哪怕是對自己一次小小的克制，也會使人變得堅定而有力。」一個善於克制情緒、控制行為的人，一定是個能掌控自己命運，能做大事的人。反之，遇上一點事就火冒三丈，不能控制自己的暴躁情緒的人，往往不會有什麼大作為，甚至成為人們眼中的笑柄。

韓信很小的時候就失去了父母，只能靠釣魚換錢維持生活。一

次，有一個屠夫對韓信說：你雖然長得又高又大，喜歡帶刀佩劍，其實你膽子小得很。有本事的話，你敢用你的佩劍來刺我嗎？如果不敢，就從我的褲襠下鑽過去。韓信自知形單影隻，硬拚肯定吃虧。於是，當著許多圍觀者的面，從那個屠夫的褲襠下鑽了過去。史書上稱此事件為「胯下之辱」。

「胯下之辱」並不能打敗韓信，相反地，它只會突顯韓信的睿智和勇氣。果不其然，這樣一種心胸助他成為了一代名將。

忍耐，是要有目的的。如果一個人是毫無目的地忍耐，不管遇到何人何事都採取忍耐的態度，那這樣的忍耐就是愚蠢的。在忍耐的同時，我們應該問自己「為什麼忍耐」「忍耐需要達到什麼樣的目的」，當心中有計畫，那就必須忍耐；羽翼未豐，也需要忍耐。這樣的忍耐是一種智謀，因為在委曲求全忍耐的同時，他早已經將所有的計畫掌控於胸中，忍耐不過是為贏得最後成功爭取時間而已。

塔木德啟示

逞一時之快，並不是勇氣，並不是成功。真正的勇氣是即使失敗了，被人羞辱了，還是能忍耐，並將這種忍耐當作前進的動力。如果我們具備了這樣的勇氣，那在這個世界上，還愁有什麼事做不成呢？

四、別輕易相信任何人

在猶太人的生意經上有這樣一條規則，叫作「每次都是初交」。哪怕跟最熟悉的人做生意，猶太人也絕不會因上次的成功合作，而放鬆對這次生意的各項條件、要求的審視。這樣做的目的，就是要防止因先入之見，掉以輕心而造成損失。

猶太人主張做生意要誠信，但他們又不會過度相信他人。正是這種謹慎的商業態度，讓他們在經商的過程中總能立於不敗之地。

我們都知道，真誠待人是為人處事的第一原則，但你千萬要明白，真誠能換來熱情，卻不一定能換來別人同樣的真誠。如果你把所有人都當成朋友，把什麼秘密都和盤托出，那麼，你很可能會給自己帶來危險。

人們常說，商場如戰場，與人打交道時，我們無法看透他人的真正目的。有一些小人會為了套取你的商業秘密而故意接近你。開始的時候，他們看起來是那麼善意，那麼富有誠意，對你又那麼關

心。你會因感動而把自己的一切都告訴他，結果他一得到你的秘密就翻了臉，讓你悔恨不及。那些商業秘密事關團隊乃至整個企業的生死存亡，也是打敗競爭對手的秘密武器，一旦洩露，後果不堪設想。

心理專家認為，自私是人的天性，就像貪吃是人的天性一樣。洛克菲勒也曾經說，沒有不追逐利益的人，從我們與他人打交道的第一刻開始，人與人之間的利益遊戲就開始了。商場如戰場，沒有永遠的朋友，只有永遠的利益。與所有人真心交朋友的想法是幼稚的。

在洛克菲勒給兒子的信中，他向小約翰講述了自己被騙的一次經歷：

在克里夫蘭，很多商人都搶進石油業。石油的生產過剩導致這一行業幾乎無利可圖，煉油商們幾乎到了破產的邊緣。另外，克里夫蘭這座城市遠離油田，相對於那些工廠設置於油田的煉油商來說，這個城市的煉油行業毫無優勢。面對這種情況，洛克菲勒決心將克里夫蘭的煉油廠集中起來，形成合力抵禦競爭。然而，那時候的洛克菲勒太年輕了。他沒有料到在他買下那些毫無價值的廢舊工廠後，那些商人會見利忘義，用自己變賣廢鐵得來的錢購置新機器，重操舊業，與自己為敵。

洛克菲勒痛心極了，他後悔自己太過輕信別人。而最令他難過

的是，在以利益為中心的商業社會中，沒有永遠的朋友。今天還在一起喝酒的朋友，明天就可能因為一點利益爭端而成為敵人。

在經歷了種種欺騙與謊言後，洛克菲勒得出一個結論：不要太相信任何人，只有相信自己，才不會被矇騙。這個世界有太多太多的欺騙，提防他人是我們不可或缺的生存技能。

「兒子，請不要誤會我，我無意將我們這個世界塗上一層令人壓抑、窒息的灰色；事實上，我渴望友誼、真誠、善良和一切能滋潤我心靈的美好情感，我也相信它們一定存在。然而，很遺憾，在追名逐利的商場中，我難以得到這種滿足，更要經常遭遇出賣和欺騙的打擊。直到今天，我還能清晰地記得數次被騙的經歷，那真叫刻骨銘心！」這是洛克菲勒寫給小約翰的話。

「林子大了，什麼鳥都有」，這是人們常用來感嘆社會複雜的一句話。年輕人，你可能曾聽到你的同事在主管面前中傷另外一個同事，而他們在人前是很好的朋友；你可能看到一些人被錢財誘惑，不惜在利害關頭出賣朋友……因此，不要再天真地認為，這個世界上都是好人；也不要因為你的同事對你說了幾句悅耳的話，就認為對方把你當知心朋友，然後對其和盤托出你所有的秘密，到最後被人利用了還蒙在鼓裡。

在商業活動中的每個人，都要學會以下兩點：

1. 逢人只說三分話，未可全拋一片心

關於藏和露，我們要把握好尺度，需要你表現自己才能的時候，你就要大膽地表現。只有這樣，才能得到他人對你能力的肯定。但需要藏拙的時候也不可鋒芒太露，得罪人。在日常工作和生活中，不要過於暴露自己的個性弱點，不要讓人摸清你的底細。別人摸不清你的底細，自然不會隨便利用你、陷害你。不給人放冷箭的機會，也就能有效地保護自己。

2. 善於觀察，洞察人心

面對利益的爭奪時，有些人會不擇手段。我們可以保證自己不對別人放「暗箭」，卻決定不了別人不對自己放暗箭。因此你要聰明一點，多看，冷靜地判斷，不要相信別人的花言巧語。因為人在「良言美語」和「糖衣炮彈」的「賄賂」下，會更容易喪失抵抗「暗箭」的能力，更容易任人擺佈。

> **塔木德啟示**
>
> 人與人交往，尤其是在商業活動中，你一定要有防範之心。中國有句古話：「害人之心不可有，防人之心不可無。」對於那些偽善的人，一定要做好提防工作，切記不要讓他們完全掌握你的秘密和底細，更不要為他們所利用，或一不小心陷入他們的圈套之中。

第 10 章

做事專注，學習猶太人堅韌不拔的做事精神

有人說：世界經濟越來越多地操縱在猶太人的手中。的確，細心的我們會發現國際許多知名企業的領導人都是猶太人。雖然他們有著苦難的民族歷史，但卻給世界留下了許多奇蹟和思考。研究猶太人的做事方法、風格和習慣，我們就能發現，猶太人不但智慧過人，而且勤奮過人。他們的專注、認真、積極主動，是我們每個人都應該學習的。踏實做事，勤奮拚搏，我們總會得到命運的垂青。

一、熱愛你的工作

　　人生在世，要有一番成就，就必須有目標。然而有一些人誤解了這句話的含義，只是認為自己手頭的工作毫不起眼，總是渴望擁有一份更能發揮自己能力與價值的工作。專注於手頭的工作，全力以赴，才能讓你每天獲得進步。成功始於源源不斷的工作熱忱，你必須熱愛你的工作。熱愛你的工作，你才會珍惜你的時間，把握每一個機會，調動所有的力量去爭取出類拔萃的成績。

　　猶太人說：「選擇你所愛的，愛你所選擇的。」工作在我們的人生中佔據了大部分最美好的時光。比爾・蓋茲有句名言：「每天早上醒來，一想到所從事的工作和所開發的技術將會給人類生活帶來巨大的影響和變化，我就會無比興奮和激動。」猶太人認為，一件工作有趣與否，取決於看法。對於工作，我們可以做好，也可以做壞；可以高高興興和驕傲地做，也可以愁眉苦臉和厭惡地做。如何去做，這完全在於我們。既然我們總是要工作，何不讓自己充滿

活力與熱情呢?

很久以前,在西方,有個人在死後來到一個美妙的地方,在這裡他能享受到一切他曾經沒有享受過的東西,包括妙齡美女、美味佳餚,還有數不盡伺候他的傭人。他覺得這裡就是天堂。可是幾天之後他就厭倦了這樣的生活,於是對旁邊的侍者說:「我對這一切感到很厭煩,我需要做一些事情。你可以給我找一份工作做嗎?」

他沒想到,他所得到的卻是搖頭:「很抱歉,我的先生,這是我們這裡唯一不能為您做的。這裡沒有工作可以給您。」

這個人非常沮喪,憤怒地揮動著手說:「這真是太糟糕了!那我乾脆就留在地獄好了!」

「您以為,您在什麼地方呢?」那位侍者溫和地說。

這則寓言故事是要告訴我們:失去工作就等於失去快樂。但令人遺憾的是,有些人卻要在失業之後,才能體會到這一點,這真不幸!

追求快樂固然沒有錯,但你要明白,只有踏實工作才是真正快樂的源泉。浮躁的人看不到勞動的真正價值,更做不到安心工作,他們的事情剛做到一半,就覺得前途渺茫,結果一事無成。

事實上,即使你現在對工作感到厭倦,但只要堅持做一些努力、忍辱負重、積極向前,你的人生就可能有根本性的轉變。

工作本身並沒有上下貴賤之別,在職業上也沒有尊卑。當你意

識到自己工作的意義、拚命勞動的時候，自然得到的快樂，是任何的東西都不能代替的。有人認為自己所做的工作沒有意思，而挑剔工作。這樣的人，一輩子都不能從事那種把靈魂都付出的工作，不能享受人生的真正喜悅。

當你抱有這樣的熱情時，上班就不再是一件苦差事，工作也會變成一種樂趣。設想你每天工作的8小時，好比在快樂地游泳，這是一件多麼愜意的事情！

工作不僅為我們提供了生存的機會，還讓我們找到自己的社會價值。然而，並不是所有人都能認識到這一點。經常有人因為報酬不理想而放棄現在的工作，或為了其他一個薪資更好的工作而放棄快樂；或在現有工作上「做一天和尚撞一天鐘」「得過且過」。他們都沒有意識到工作給予他們的快樂。

我們可以透過下面四個步驟獲得工作的快樂：

首先，保持良好的精神狀態迎接每一天的工作。

你要始終確立和保持不甘落後、積極向上、奮發有為的精神狀態，清醒地認識自己肩負的責任，切實增強時不我待、只爭朝夕的緊迫感，食不甘味、寢不安席的責任感，樹立強烈的事業心和進取意識。如果把所從事的工作只當成一個混口飯吃的營生，那麼，你就很難有工作積極性，也就很難做好工作。

其次，不要把注意力只放在金錢上。

錢是賺不夠的，因此，我們不應把眼光只放在薪水的多少上，而是應該多關注自己創造的價值，工作帶給你的成就感和滿足感。

　　再次，找出你在工作上的重要價值。

　　請記住一點：當初你為何會接下這份工作？如果這只是一份臨時的工作，你是否有認真考慮將來你真正想做的事是什麼？然後再問你自己：由於我的投入，這份工作是否不一樣了？正確的價值觀在個人的成就感及福祉中扮演著重要角色。

　　檢討自己為何做現有的工作並不代表你不滿意它，只是用自省的方法讓自己真正知道自己在做什麼。

　　最後，敢於問自己：我做這份工作值得嗎？

　　如果在工作中，你根本發現不了自己喜愛的部分，你正想嘗試著換另外一份工作，那麼，你是否應該考慮一下，是不是因為以下原因：你是不是找錯了在工作中努力的方向，而不是這份工作本身的原因？還有你是否喜歡工作中的自己？若答案為否，你能夠做一些改變？你是否要換到另一部門工作？是否有其他的原因使你無法完成該做的工作？也許你只需要重新調整好角度，而不需全然抵制原先的工作。

> **塔木德啟示**
>
> 在人生中，勞動能給我們帶來至高無上的快樂，這種快樂無法從其他地方得到彌補。專心致志於工作所帶來的果實，不僅有成就感，還有對我們人格的錘鍊。

二、積極主動地做事

作為職場人士，我們可能會發現有這樣兩種人：一種人，在工作中總是能自動自發、從不拖延，並且還能工作得非常快樂；另一種人，滿懷抱怨、拖拖拉拉、一事無成。這兩種人裡，很明顯，前者更受歡迎，也更容易獲得成就，實現自己的目標。而後者很難獲得成就。

猶太人很早就明白，無論做什麼事，都要積極主動。沒有人能保證你成功，只有你自己。也沒有人能阻撓你成功，只有你自己。你需要為自己的行為負責。

猶太人認為，無論任何行業，想攀上頂端，都需要漫長的規劃和踏實的努力。你想攀登成功的頂峰嗎？那麼，你就要永遠保持積極主動的工作精神，就要永遠維持主動積極的精神去面對縱然是毫無挑戰和毫無樂趣的工作。

20世紀80年代，美國有一家著名的機械製造公司叫維斯卡

亞。這家公司實力雄厚，代表著當時重型機械製造業的最高水準。大公司門檻高這句話是有道理的，很多畢業生的求職都被無情地拒絕，因為該公司的技術人員爆滿。但豐厚的待遇和令人羨慕的社會地位還是讓很多人削尖了腦袋前來求職。

這群求職者裡有個叫史蒂芬的人，他是哈佛大學機械製造系的高材生。和許多人的命運一樣，在該公司每年一次的用人測試會上他被拒絕了。但史蒂芬並沒有死心，他發誓一定要進入維斯卡亞重型機械製造公司。於是，他決定先「混」進去再說。他先找到公司人事部負責人，提出可以無償為這家公司提供勞動力，只要能讓他在這家公司，哪怕不計報酬，也能完成公司安排給他的任何工作。這位負責人起初覺得簡直不可思議，但考慮到不用任何花費，在利益的權衡下，這位負責人答應了，並安排他去車間掃廢鐵屑。

這份工作是沒有報酬的，而史蒂芬還得養活自己，於是，一年的時間裡，他白天在這家公司認真地工作，晚上還得去酒吧打工。

令史蒂芬失望的是，雖然他得到了所有同事和負責人的認同和好感，但很長時間裡公司卻並沒有提及正式錄用他的事。時間到了20世紀90年代初，公司的許多訂單紛紛被退回，理由均是產品品質問題。董事會為了挽救頹勢，召開緊急會議商議對策。當會議進行了很長時間卻未見眉目時，史蒂芬闖入會議室，提出要見總經理。

在會上，史蒂芬慷慨陳詞，對公司出現這一問題的原因做了令人信服的解釋，並且就工程技術上的問題提出了自己的看法，隨後拿出了自己對產品的改造設計圖。這個設計非常出色，恰到好處地保留了原來機械的優點，同時克服了已出現的弊病。總經理及董事會的董事見到這個編制外的清潔工如此優秀，便詢問了他的背景以及現狀，於是史蒂芬自然地被聘為公司負責生產技術問題的副總經理。

當史蒂芬被拒絕後，他想方設法留在這家公司，是為了更徹底地瞭解這家公司。他在做清掃工時，利用清掃工到處走動的特點，細心察看了整個公司各部門的生產情況，並一一做了詳細記錄，發現了所存在的技術性問題並想出了解決的辦法。為此，他花了近一年的時間埋頭設計，獲得了大量的統計資料，為會上的出色表現奠定了基礎。

史蒂芬成功的原因很簡單：他懂得厚積薄發，伺機而動。他沒有被動地接受求職被拒絕的命運，而是積極主動地尋找機會，並且在該公司沒有人敢承擔這個任務的時候主動請纓。

有一些人在工作中總是抱著這樣的態度：要麼喜歡耍小聰明，要麼上班遲到、早退；要麼總是推託工作。這些人自以為得利，但他們的損失將遠遠大於他們的所得。這種人，也許會得逞一時，但終將失敗一世，永遠與成功無緣。

老木匠辛苦了一生，建造了很多房子。這一年，他覺得自己老了，便向主人告別，想要回家鄉去安享晚年。

　　老闆十分捨不得他離去，因為他蓋房子的手藝是鎮上最好的，再也沒有第二個人能夠跟他相比。但是他去意已決，老闆挽留不住，就請他再蓋最後一座房子。老木匠答應了。

　　最好的木料都被拿出來了，老木匠也馬上開始了工作。但是人們都可以看出，老木匠歸心似箭，注意力完全沒有辦法集中到工作上來。梁是歪的，木料表面的漆也不如以前刷得光亮。

　　房子終於如期建造完成，老闆把鑰匙交到老木匠的手上，告訴他這是送給他的禮物，以報答他多年來辛苦的工作。

　　老木匠愣住了，他怎麼也沒有想到，自己一生建造了無數精美又結實的房子，最後卻讓自己獲得了一件粗製濫造的禮物。如果他知道這房子是為自己而建的，他無論如何也不會這樣心不在焉。

　　這只是一則故事，然而現實生活中，卻有不少人和故事中的這位老木匠一樣，因為缺乏熱情，每天帶著一臉無奈去工作，茫然地應付上級交代的任務，然後領回薪水。他們認為，自己所做的不過是為別人打工而已。

　　這種消極的工作狀態無論對於員工個人還是對整個組織而言，都是極為不利的。被動地應付工作，自然不可能投入全部的熱情和智慧，也就不可能在自己的崗位上有所成就。而同時，效率是任何

管理工作的根本目的，沒有工作熱情的工作狀態又有何效率可言呢？

> **塔木德啟示**
>
> 無論你從事哪行，都需要積極進取的工作態度。所以，從現在起開始加倍努力吧，不要等著別人來吩咐。比自己分內的多做一點，成功的機會就多一點。

三、責任第一,做事要盡職盡責

在現代社會,任何一家企業聘用人才的標準中,最為重要的一條就是負責,因為這是敬業精神的基礎。在猶太人看來,做事情無法做到全心全意、盡職盡責的人,是不會培養自己的良好個性、也做不到意志堅定,這類人貪圖享樂、追名逐利,做不到腳踏實地,更不會有所成就。

猶太人認為,責任心是取得成功的基礎,沒有責任心,再怎麼努力也枉然。當然,要培養責任心,需要我們做到對公司負責,對自己負責,將手頭的工作當成事業來努力。

美國鋼鐵大王安德魯·卡內基在未發跡前,曾擔任過鐵路公司的電報員。

在一個平凡的值班日,躺在椅子上休息的卡內基突然聽到電報機滴滴答答傳來的一通緊急電報。電報的內容是:附近鐵路上,有一列貨車車頭出軌,要求上司照會各班列車改換軌道,以免發生意

外的追撞慘劇。

可不巧的是，這一天正是假日，能下達命令的上司不在。但如果現在不決策的話，一定會產生一些不可預料的惡果。事故可能就在下一秒發生。

卡內基只好敲下發報鍵，冒充上司的名義下達命令給班車的司機，調度他們立即改換軌道，避開了一場可能造成多人傷亡的意外事件。

當做完這一切後，卡內基心裡也開始緊張起來，因為按當時鐵路公司的規定，電報員擅自冒用上級名義發報，唯一的下場就是立即革職。但他堅信自己決定的正確，於是在隔日上班時，將寫好的辭呈放在了上司的桌上。

但令卡內基奇怪的是，第二天，當他站在上司辦公室的時候，上司卻當著卡內基的面，將辭呈撕毀了，上司拍著卡內基的肩膀說道：「你做得很好，我要你留下來繼續工作。記住，這世上有兩種人永遠在原地踏步：一種是不肯聽命行事的人；另一種則是只聽命行事的人。幸好你不是這兩種人的其中一種。」

卡內基之所以成功，是因為他有成功者的品質——責任心，這一點，在他未發跡時就已經顯現出來了。

我們發現，在任何一個企業或者組織中，有責任心的員工會千方百計努力去實現自己，而一個沒有責任心的員工則會得過且過，

過一天算一天，最終將自己的命運斷送在自己手中。正如足球行業中的一句話所說「態度決定一切」，用在銷售人員身上則是：責任決定態度，態度決定一切。

現代社會的職場競爭激烈恰如戰場。假如你也渴望成功，你就應該牢牢地記住，做事盡職盡責，是事業成敗的關鍵。工作中如果出現問題，與其找藉口推託，不如想辦法解決。

一家建築公司遇到了討不到帳的問題。有一位客戶，買了公司10萬元產品，但總是以各種理由遲遲不肯付款，公司派了三批人去討帳，都沒能拿到貨款。當時一名業務員剛到公司上班不久，就和另外一位員工一起，再次被派去討帳。他們軟硬兼施，想盡了辦法。最後，客戶終於給了一張10萬元的現金支票。

他們高高興興地拿著支票到銀行提錢，結果卻被告知，帳上只有99920元。很明顯，對方又耍了個花招，給了他們一張無法兌現的支票。第二天就要放年假了，如果不及時拿到錢，不知又要拖延多久。

遇到這種情況，一般人可能一籌莫展了。但這個業務員突然靈機一動，拿出100元錢，存到了客戶公司的帳戶裡。這一來，帳戶裡就有了10萬元。他立即將支票兌了現。

當他帶著這10萬元回到公司時，董事長對他大加讚賞。之後，他在公司不斷被提拔，5年之後就當上了公司的副總經理，後

來又當上了總經理。

在困難面前，如果我們不找藉口，而是挖掘如何解決問題的方法，勇敢擔負起責任，就會發現，人的潛能的確是無限的。

生活中的人們，要做個成功的人，就必須要有成功的心態，不為自己找任何藉口退縮，而是勇敢向前。為此，你要做到：

1. 擺正態度，把責任心放在第一位

的確，沒有人願意主動失敗或者出錯。但一個對待事情不小心不認真的人又怎麼能夠把事情完成得圓滿出色呢？不管你做什麼事，擺正態度，才能減少失敗的可能。

2. 不要試圖讓別人為你承擔失職的責任

有些不負責任的人在事情出現問題時，首先考慮的不是自身的原因，而是歸罪外界或者他人。這樣的做法，不僅會讓你養成推託責任而不是找解決問題的方法的習慣，還會影響人際關係。

3. 尋找彌補的措施

其實，與其絞盡腦汁，尋找那些為自己開脫的藉口，倒不如想想怎麼把可能出現的損失降到最低。這裡，我們可以做到的是，儘量制訂出一份新的彌補方案，並完善細節，因為大多數情況下，問題都出在細節上。

塔木德啟示

我們無論從事何種職業，都應該盡心盡責，盡自己最大的努力，不斷尋求進步。這不僅是工作的原則，也是人生的原則。

四、比別人多做一點，你會收穫更多

在工作中，你是否曾遇到過這樣的情況：上班時間，突然來了老闆的一份快遞，但老闆不在，簽還是不簽？同事有緊急事情，讓你幫他請個假，幫還是不幫？看到會議室的資料掉在地上，撿還是不撿？諸如此類的分外事隨時都有可能發生，做還是不做？

可能很多「精明」的人會說：當然不做，既然是分外事，何必多此一舉？但事實上，這並不是真正聰明人的選擇。你可能也發現了，那些真正得到老闆賞識的，都是對工作始終充滿著熱情的人，他們通常都會順手給同事幫個忙，或者替老闆解決一些工作之外的問題。其實，無論是在職場還是整個人際關係中，學會攬一些「分外」事，你才有可能遇到「分外」的收穫，因為通常來說，真正能打動他人的，往往是那些無心之舉。

猶太人認為，人們在實際工作中應該多做一些分外的工作，說不定這些額外的付出就是你走向成功的開始。我們都知道，猶太人

素來以過人的智商而聞名。其實，猶太商人也都是高情商人士，他們往往能在小細節上贏得人心，從而左右逢源，在商場順風順水。高情商的猶太人告訴我們，多做一點，你也許會收穫更多。

曾經有一個年輕人，在一家小旅館當前台，一直認真地工作。

一天晚上，一對老夫婦來開房間，但旅館房間已經沒有了，這下，老夫婦麻煩了，因為他們真的沒有地方去了。怎麼辦呢？

年輕人很爽快地告訴老夫婦，讓他們睡自己的房間，正好自己要值班。然後，他將自己房間的床單和被褥都換了，自己趴在櫃檯上睡了一夜。

他沒有想到，這對老夫婦就是希爾頓飯店的老闆。他們因為覺得這個年輕人很善良，而且自己又沒有子女，所以就讓這個年輕人做了希爾頓家族的接班人。

這或許是機緣巧合，但卻告訴我們一個道理，人際交往中，我們若想得到「分外的回報」，就要多做一些「分外事」，不要總是置身事外。

當然，我們所做的額外的事，並不一定會給我們帶來額外的回報。但我們不妨把它當作一次善舉，或是對自己的磨練。

因此，職場中的人們，不妨也在日常生活中廣結善緣吧，透過幫助他人來為自己贏得人心。樂於助人，多主動幫助別人，會不斷增加感情帳戶上的儲蓄。在工作上，在生意中，在交際時，對別人

多一分相知，多一分關心，多一分相助，當你求人辦事時，誰還會拒你於千里之外呢？

當然，你還需要注意的一點是，與同事、主管打交道，幫助他們，也一定要掂量自己的能力。答應別人卻無法兌現，不但無法贏得人心，還會讓他人對你心生厭惡。

古人云，輕諾必寡信。這不僅是一個主觀上願不願意守信的問題，也是一個有無能力兌現的問題。一個人經常答應自己無力完成的事，當然會使別人一次又一次失望。為人辦事、幫忙，一定要有把握，當你獲得了一個守信用的形象時，會獲得越來越多人的信任，收穫越來越多的機會。這就好似擁有了一座金礦。反之，缺此一條，別的方面再優秀，也難成大器。要獲得守信的形象並不容易，最要緊的一條是：別答應你無法兌現的事。

> **塔木德啟示**
>
> 說實在話，做實在人，可能一時一事吃虧，但總能一生一世受益。人際交往中，我們應該有點利益心與長遠眼光，身處職場，有人需要我們幫忙時，即使是我們「分外的事」，我們也不能袖手旁觀。同時，我們也應認清自己的能力，對於做不到的事，還是不要輕易許諾。

第 11 章

生活之道，
人生不只是為了工作

> 在人生路上，我們每個人都在為自己的目標奮鬥著，都在努力工作，但這並不是一個一帆風順的過程。那些成功者，必定也是經歷了百轉千迴的磨礪和痛苦。因此，我們說，成功是容不得我們有享樂之心的。然而，在猶太人看來，人活在這個世界上，無非是為了使自己更加快樂幸福而已。而要學會快樂地生活，最重要的是擺正自己的心態。我們要全力以赴地工作，也要全力以赴地享受人生。擁有一份恬淡的心境，對於萬事萬物，不急不躁，你就懂得了幸福的真諦。

一、無論是工作或休息，都全力以赴

　　曾經有人說，人的生命只有兩種狀態：運動和停止。現代社會，處於高壓下的年輕人每天都在拚命地工作，雖然週末假日時能夠在家小睡個懶覺，但恐怕心情也不會那麼淡然。用持之以恆的精神拚搏、奮鬥，是我們必須具備的一種品質，但並不意味著要一刻不停地奔波與忙碌。適可而止，會休息才會成長。只會向前猛衝，而不懂得減速緩行的人，在人生的某個彎道處，一定會衝出跑道，損失更多。

　　在《塔木德》一書中，有一段話談到「人生的目的是什麼」這一問題。一般人可能會認為，猶太人人生的目的應該是「賺錢」。因為據統計，美國的百萬富翁中有20%是猶太人，而且猶太人歷來被公認為是最會賺錢的民族，被譽為「世界第一商人」。

　　然而，事實上，猶太人並不以賺錢為人生目的。相反，他們認為人生的目的就在於熱情地享受生活。在猶太人看來，無論是工作

還是休息，都要全力以赴。石油大王洛克菲勒說：「我學習工作也學習享樂，我的生命就是愉快的假日，充滿工作、充滿享樂，上帝日日都在保佑我。」這句話就是在告誡我們要懂得休息、懂得享受生活。洛克菲勒雖然掌管著標準石油公司的決策大權，但他從來不忽視身體的休息，更重視和家人一起享受時光。

退休後，洛克菲勒過著隱居生活，在波坎鐵柯莊園植樹，修剪草坪，仔細考慮如何將自己的資金用在最值得使用的地方。他享受著簡單的天倫之樂，在海灘與家人度假，在禮拜堂或街上與人聊天。他從來不喜歡回頭看、重溫或抱怨往事。但到過他家裡的每一個人，在離開時，對其沉著、忍耐和簡樸總懷有一種由衷的敬畏感。

1937年的一個星期日早晨，洛克菲勒在毫無痛苦、不知不覺中平靜地去世，享年97歲。這是上帝給這個基督徒最好的獎賞。

洛克菲勒的生活態度是值得人們學習的，同樣，身處職場高壓下的人們，在工作之餘，一定要懂得休息。只有勞逸結合，才有更高的工作效率。

有個企業家從十幾歲就開始為別人工作，每天都是早起晚睡，整天都是忙忙碌碌，好像從沒有休息過，也沒有參加過任何的娛樂活動。那段日子，他的夢想是，將來自己有一間店面就好了。

幾年後，他終於開了一間店面。生意不錯，此時，他告誡自

己，自己的生意，更不能放鬆，於是仍然起早貪黑，匆匆忙忙，休息時間更少了。他想，等將來生意做大了就好了。

又過了幾年，他的生意果然做大，擁有了數間很大的店面，每天貨進貨出幾百萬元的資金流動，他更不敢放手給別人去做，還是自己苦拚，聯繫貨源，接待客戶，管理帳目⋯⋯沒日沒夜，忙得如有狼在後面追一般。看他如此辛苦，有人就勸他：「你放鬆一點可以嗎？好好地休息一天，看看世界會不會大變！」

他回答：「不行，我不做時，別人會做的。前面的那些大戶們我會追不上的，後面一些中小戶又逼上來。一放鬆，我會落在後面的。」

終於有一天，他累倒了，被迫躺在病床上不能動了，以前高速運轉的日子一下子停下來，他終於可以靜靜地想一下匆匆而過的人生了。有一天，他看到一個病人被抬進手術室後再也沒回來。那個病人很年輕，剛剛還與自己談過出院後要去旅行。他看著對面空空的病床，心不由一震，頓時大徹大悟：人由生到死其實只是一步的事。這一步，自己卻走得太過沉重啊！一直以來，自己的名利心太重，想要的太多，然而真正得到的卻很少。如果不是這次病倒，他會一直拚到50歲、60歲，甚至更久。沒有娛樂，沒有休息，最後兩手空空的離開這個世界，這是一件多麼可悲的事啊！康復後，他像換了一個人似的，生意還在做，只是不那麼拚命了，他不再去追

前面的大戶，也不怕後面的小戶追上來，甚至錯過一筆很有賺頭的生意也不會在意，人們還經常可以在高爾夫球場上看到他，有時他也與家人坐飛機到外地旅遊。

他終於懂得了生活的意義。

生命如此脆弱，人生苦短，我們當然需要努力地工作。但我們不能忘記，除了工作之外，還有很多值得我們追求的東西，如健康、幸福等。因此，我們也應和故事中的企業家一樣，及早覺悟，收穫一份最本真的快樂。

有過登山經歷的人也許會有一種體會，那就是：山很高，需要分好多步才能登頂，如果中途不停下來休息，那麼必然在最接近終點的時候累倒。工作中，我們適時調整自己也是必須的，一個真正會學習的人不會打疲勞戰，而是懂得充足的休息之後才有更充沛的精神的道理。

> **塔木德啟示**
>
> 會休息才會工作。我們只要合理安排時間，懂得調節自己，做到勞逸結合，大可不慌不亂，甚至有一些充裕的時間享受生活。

二、善待自己，注重身體健康

可能有很多人會發出這樣的疑問：猶太人除了賺錢以外，是怎樣安排自己生活的呢？大部分人可能會認為，猶太人應該只會經商和工作。事實上，猶太人並非如此。努力工作、注重身體健康、善待家人和朋友，都是猶太人注重的事。

現代社會中的人尤其是那些努力工作的人們，就如忙碌的螞蟻一般。他們總是腳步匆匆，心事重重，年復一年，日復一日，像牛一樣辛勤耕作。到頭來面色欠佳，疲憊不堪，成了「亞健康」患者。《紅樓夢》說得好：「說什麼脂正濃，粉正香，如何兩鬢又成霜？昨日黃土壟頭送白骨，今宵紅綃帳底臥鴛鴦。」世事無常，人生匆匆，唯有善待自己才會感到幸福快樂。

石油大王洛克菲勒在40歲之前也未曾認識到健康的重要：

一天下午，他的醫生告訴他，在每年的例行身體檢查中，他被查出來有狹心症，即心臟的冠狀動脈閉塞症。那時候，洛克菲勒並

沒在意,然而就在四天後的一個傍晚,正在看報紙的他,突然覺得身體很難受,全身冒冷汗。

幸虧他的妻子及時叫來了醫生。兩個小時的搶救後,洛克菲勒脫離了危險。在醫院住了兩個多月後,他回家了。

「我知道自己還活著真是好極了。仍然擁有和家人一起度過的時間,以及享受這個世界上好多東西的時間,讓我欣喜不已。而我曾經面對死亡而沒有恐懼,也是值得高興的。」洛克菲勒後來對自己的兒子這樣說。

「那次經歷給我最深刻的教訓,就是要永保身心的和諧,善待自己的一生,愛家人和朋友。我們往往在瀕死之時,才明白可愛的東西是如何的可愛,而事前就已明白這一點的人是幸運的。天堂是如此的美好,」洛克菲勒打趣道,「可是畢竟我去那裡還為時尚早。」

是啊,人的生命只有一次,儘管我們有太多的事情要處理,但不珍惜自己的生命,一切都是空談。

但我們的周圍,不乏這樣的人,他們為了追求所謂的幸福,犧牲了更為有價值的東西,如健康、親情等。

人是一種有著美好憧憬的動物。年輕時,我們總是想著等到老了以後,得到了許多物質的滿足,再去好好享受,去環球旅行;當我們有了孩子時,總是惦記著讓子女好好享受。至於自己到底需不

需要享受，自己什麼時候享受，卻從不去認真考慮。事實上，很多人不會享受。

當然，提倡享受生活，並不是要我們忽視工作。最恰當的方式是做到工作、生活兼顧，具體說來，你可以從以下幾方面調整自己：

1. 統籌兼顧，合理安排工作、休息和運動

你應該合理分配工作、休息的時間，做到勞逸結合，把握好生活節奏。

著名的地質學家李四光在伯明罕大學學習期間，正值第一次世界大戰爆發。以英、法、俄為主的協約國和以德、義、奧為主的同盟國，為重新瓜分世界，爭奪殖民地，展開了生死大戰。一時間，生活物資短缺，物價開始上漲，生活極度困難，許多留學生因為無法忍受，紛紛離開英國。但李四光硬是憑著頑強的毅力和從小養成的堅忍精神，節衣縮食，克服了種種困難，把學習堅持下來。他常常利用假期，跑到礦山做臨時工，賺錢維持生活，繼續完成學業。

在這樣艱難的時候，他樂觀曠達，勞逸結合，偶爾在假日走進公園，看看名勝古蹟，並利用業餘時間學會了拉小提琴，養成了終生的愛好。

一個真正會學習的人不打疲勞戰，而是懂得透過身體鍛鍊來調節。不知你有沒有這樣的體驗：當情緒低落時，參加一項自己喜歡又擅長的體育運動，可以很快地將不良情緒拋之腦後。這是因為體育運動可以緩解心理焦慮和緊張程度，分散對不愉快事件的注意力，將人從不良情緒中解放出來。另外，疲勞和疾病往往是導致人們情緒不良的重要原因，適量的體育運動可以消除疲勞，減少或避免各種疾病。

2. 留出一些機動時間以處理突發狀況

　　很多人認為，忙碌的一天才是充實的一天，以至於他們經常把一天的排程得滿滿的，但一遇到突發事件，就手忙腳亂了。其實，你應該學會合理規劃時間，留出一些時間處理突發情況；即使沒有出現這些突發事件，你也能給自己一個放鬆和休息的機會，或與父母、朋友聯絡一下感情、復盤一天工作中的得失。

　　總之，對於日常工作和學習，我們應該合理安排時間，懂得調節自己，做到勞逸結合。

塔木德啟示

一個人的人生座標怎樣定位，就有怎樣的幸福。最大的幸福莫過於好好活著，珍惜今天，珍惜當下。

三、幽默是生活的調味料

我們周圍總是有人整天悶悶不樂、愁眉苦臉。他們覺得生活無趣，人生無趣。他們對工作與生活失去了熱情，自身也麻木消極。實際上，生活充滿趣味，而且是各種各樣的趣味。而幽默是生活的調味料。

猶太人認為，一個人的快樂來自於心靈。生活有時是相當艱苦的，有幽默感的人善於苦中作樂，用幽默作為艱苦生活的調味劑，鼓勵自己克服困難度過難關。

佛洛伊德是一位偉大的心理學家。有一次，佛洛伊德對他的大女兒說：「我感覺到，近兩年來你在為一件事煩惱，你認為自己不夠漂亮，找不到丈夫。我可沒把這當回事，在我眼裡，你很漂亮。」

他的女兒笑了笑回答：「可你不能娶我，爸爸，你早已結婚了。」

這個女兒不是一般的女兒，這個女兒充滿了智慧，欣然接受父親送給的慈祥禮物——誇她「漂亮」。幽默思維慣性地滑到「可你不能娶我」上，婉轉地告訴父親，我知道了。並且，以一種玩笑的形式表達了對父親的關愛，溫馨之情溢於言表。

普通人的生活也會因幽默而受益：

劉勇是獨子，父母很寵他，家裡什麼事都不要他做。因此，都三十好幾的人了，他飯都不會做，整天飯來張口，衣來伸手。妻子玉蘭進門後，見他竟然是個只會享受的傢伙，常藉機奚落他。

一天，玉蘭加班回來晚了些，到家後發現劉勇正坐等她回家做飯呢！肚子餓得咕嚕叫的她，不禁發起脾氣，把他狠狠地訓斥一頓。劉勇自知理虧，低頭不吭聲。

玉蘭見狀氣消了大半，轉身去廚房做飯。一會兒，上小學的女兒跑進來：「媽媽，你教我做飯吧！」玉蘭很開心，問：「你要學做飯幹嘛？是不是想以後做飯給媽媽吃？」女兒搖搖頭，嘴貼到她耳邊悄悄說：「學會做飯，就有資本訓人了。你看爸爸因為不會做飯，被你再怎麼訓，都不敢吭聲。」

孩子的無心幽默化解了母親的不悅，為平凡的小家增添了幸福。

幽默對於生活的影響是巨大的。心理學研究表明，幽默不但可以提高人的免疫能力，也會增強個人的主觀幸福感與塑造樂觀人

格。因此，佛洛伊德將幽默視作精神昇華的有效手段，並大力提倡人們學會用幽默來宣洩生活煩惱。此外，幽默還可以幫助人們提高人際交往能力，獲得更多的人際和諧。更重要的是，幽默感使人富於創新思考和同情心，無時無刻地追求煩惱中的快樂，衝突中的和諧。

那麼，具體來說，幽默給我們帶來怎樣的精神財富呢？

1. 幽默有助於交流

人是社會性的，都需要與人交流。但很多時候，需要交流的問題，如果直接指出，會引起不快甚至是鬥爭。此時，幽默就是很好的替代品，一句搞笑的話就能轉移雙方的注意力。除此之外，那些傾向焦慮和憂鬱的人更應該多講笑話，與人交流。

2. 幽默放鬆心情

笑具有一種微妙的力量，它能讓人放鬆。當人們使用幽默，自主神經系統就像從高位上緩緩下來，讓心臟得以放鬆。因此，對於長期處在緊張的工作和生活環境下的人們，幽默是放鬆心情的良藥。

3. 減輕壓力

美國加州大學的實驗表明：笑聲不僅能增強免疫系統，還有助於減少三種壓力激素：皮質酮、腎上腺素和多巴胺代謝激素——一種多巴胺降解代謝物質。他們將16個參試者隨機分配到控制組和實驗組（有幽默性事件發生），實驗資料顯示，這三種壓力激素分別被減少到39%、70%和38%。因此，研究者認為幽默這一積極事件可以減少有害的壓力激素。

4. 可以戰勝恐懼

幽默能使人看到積極樂觀的一面，能改變人們對於事物的認知。笑聲迫使我們在情境與反應之間做出一些緩和的步調，營造一些必要的距離。比如，如果你能將小時候的某件惡作劇看成是可笑的，那麼，你就不會受到童年創傷的困擾。如果你能以自我娛樂的觀點看待婚姻中的問題，那麼，你便能從這一問題中解脫出來。

5. 幽默使人舒適

查理‧卓別林曾說：「真誠地去笑吧！你將能夠去除痛苦，並與痛苦嬉戲。」這大概就是為什麼人們面對痛苦都採取幽默的方式加以排遣的原因吧。

6. 幽默減輕疼痛

一本醫學護理雜誌發表的一項研究表明，幽默的確能夠減輕痛苦。「手術後，有一些病人在施以減輕痛苦的藥物治療之前被給予幽默刺激，結果相對於那些沒有幽默刺激的人來說，接觸幽默刺激的群組較少感到疼痛。」

7. 幽默增強免疫系統

《美國健康》雜誌發表了 Dave Traynor 在堪薩斯技術大學做過的一項研究，是一項有關免疫能力是否能被幽默加強的計畫。他的研究發現，笑聲能夠增強免疫系統，幫助戰勝病毒以及外來有害細胞。

瞭解這一點，你就能明白為什麼當你的孩子跑過來告訴你今天在學校發生的趣事，你即使身體欠佳也還是能高興地爬起來為你的孩子準備晚餐了。

8. 幽默可以培育樂觀

幽默的人是愛笑的，愛笑的人是樂觀的。生活中遇到的問題，幽默的人都能以達觀的心態面對，自我安慰一番。

所以，如果一個人能對他以前的不快記憶或者當前的痛苦事件，以幽默應對處理，不僅可以改變他的認知觀點，不時讓生活中到處充滿微笑，還可以更有效地減輕苦難。

塔木德啟示

可以說，幽默是趣味生活的添加劑。生活中總存在著幽默因子，關鍵是你能不能發現它，並且用幽默的語言來解釋它，如果你這樣做了，你的生活就會更加充滿樂趣。

四、平平淡淡才是真，用冷靜和理智的眼光關注婚姻

自古以來，愛情都是人們津津樂道的話題。古今中外有無數個淒婉哀怨的愛情故事，但奇怪的是，我們很難發現有經典的婚姻故事。愛情總是那麼轟轟烈烈，但最終卻被由細節組成的婚姻瑣碎打敗了。於是乎就有了一種流行的說法──婚姻是愛情的墳墓。因為婚姻，曾經的親暱、曾經的山盟海誓都漸行漸遠。但婚姻不是導致愛情褪色的原因，夫妻雙方對婚姻和愛情處理方式的不當才是。其實，真正的愛情是融入平淡的婚姻中的。讓愛情常駐的方法就是：改變心態，享受平淡的真情。

猶太人看重人與人之間的情分，在《塔木德》中有這樣的話：「男人要離開父母，與妻子連為一體。沒有妻子，活著就沒有歡樂，沒有賜福，也沒有仁慈。」猶太男人尊重婦女，更尊敬家庭中的妻子，他們更能教導人們學會享受平淡的愛情。

在猶太人的眼中，愛情不會像婚姻那麼長久。因此，他們堅決反對熱戀，但不否定戀愛。《塔木德》說：「人不能隱藏三件東西：咳嗽、貧窮以及戀情。」但又認為：戀情越熾熱，戀愛的生命越短。猶太人完全用冷靜和理智的眼光關注婚姻。洛克菲勒說：「愛情就像一粒種子，時間到了它就會成長、開花。我們不知道開的是什麼花，但是，它肯定會開花。」這是一位商界大亨對愛情獨特的見解，實際上，這句話的含義也很簡單：對於愛情和婚姻，我們不要總是抱著轟轟烈烈和追求激情的態度，因為平平淡淡才是真。

洛克菲勒的大女兒叫伊莉莎白，她的丈夫叫馬克。曾經，他們是非常相愛的情侶，但結婚後，他們的感情似乎出了一點問題。

一個週末的早上，洛克菲勒想去看看自己的女兒。可是進門後，他發現只有馬克在家，馬克告訴洛克菲勒，最近幾個週末伊莉莎白都待在公司不願意回家。從馬克的話中，洛克菲勒能聽出他的一些不滿。洛克菲勒覺得是時候找女兒談談了。

接下來，他來到公司，想約女兒一起吃飯，乘機和她好好談談。可他驚訝地發現伊莉莎白對服務生表現出魯莽、粗暴的態度，與平時彬彬有禮、溫柔體貼的她判若兩人。洛克菲勒覺得女兒最近的情緒很不好，似乎滿腦子都是工作，以至於對日常生活中必須盡到的其他責任，如感情、禮貌等都不在乎了。

交談中，伊莉莎白告訴父親：「爸爸，我現在總是很煩躁，尤其是回到家。馬克越是對我好，我越是討厭他，怎麼辦呢？」伊莉莎白垂著頭，向父親傾訴著。

洛克菲勒握住女兒的手說：「親愛的女兒，我想說的是，你應該檢查一下自己最近的心態了。不錯，平時我告誡你們要努力工作，但這並不意味著你們要忽視身邊的親人。你確實過分地恃寵於親人的好意，尤其是馬克的支持、協作及愛情。成功、知識和經驗都不能在這種錯誤中保護你，誰也保證不了你不受其害。馬克的好我一直看在眼裡，你看這段時間，他一直在遷就你，按照你的情況來安排工作，他還承擔80%的家務。一對好伴侶在有緊急和特殊情況時，一人不惜負擔起兩人的責任。這就是同甘共苦，所謂婚姻生活就是這麼一回事。可是，不管是多麼愛妻子或丈夫，永遠承擔不公平責任的配偶恐怕是沒有的。如果你認為你的丈夫是主動地承擔起責任的話，那是因為你的目光還不夠明亮。」

伊莉莎白搖搖頭說：「無論如何也找不到當初的激情了。你知道，當初我和馬克是多麼相愛呀！」

洛克菲勒明白女兒的想法，接下來他說：「這個，我怎麼說呢？我與你母親的婚姻算是美滿幸福的，可大多數時候我們的生活還是很平淡的。事實上，平時我也能看到那些老夫老妻在一起，他們已經經歷了流年，可是還是那麼相愛，為什麼呢？因為他們做到

了包容，愛從激情轉化為習慣，兩個不同的人、兩種不同的風度、兩種不同的意識走到了一起，一起分享生活。他們看起來各自不同，其實早已融為一體。」

「或許真是這樣，」伊莉莎白將目光投向窗外，「我應該與馬克出去度一次假了，我們好久都沒有享受兩人獨處的時光了。」

洛克菲勒說得對，婚姻是一種轉化。愛情就像一粒種子，時間到了它就會成長、開花。我們不知道開的是什麼花，但是它肯定會開花。如果你的選擇是精心而明智的，愛情的花朵將會是美麗的；如果你選擇的時候不用心或判斷錯誤，愛情之花就不會完美。

現代研究表明，愛情極易在男女婚後18至30個月後消失，俗稱「愛情曇花症」。它嚴重影響夫妻之間的感情與和睦的家庭生活。婚姻中，當起初那份心靈的悸動被煩瑣的生活逐漸磨滅時，你意識到了嗎？如果意識到了，那麼，到底怎麼為愛情保鮮呢？

結婚後，夫妻天天生活在一起，每天重複著同樣的事情，沒有一點激情，久而久之，彼此會產生乏味的感覺。其實，這種厭倦的產生很多時候是因為我們沒有以正確的心態看待婚姻。婚姻需要包容和呵護，當彼此融為一體的時候，你們的婚姻也就「修成正果」了。

> **塔木德啟示**
>
> 婚姻是什麼？貧窮不難忍受，富裕不難共享，平淡無奇卻很難忍受。結婚幾年過後，你們之間是不是已經毫無激情，剩下的只是無休止的爭吵？你可曾反省過，你曾用心呵護過你的婚姻嗎？

第 12 章

抓好教育，孩子是家庭和社會的未來

「人類有三個朋友：小孩、財富、善行。」這是猶太社會流傳的一句極為睿智的格言。這裡所說的人類指的是猶太民族。猶太人十分重視孩子的教育，他們認為，「沒有學童的城市終將衰敗。」孩子是家庭和社會的未來，在猶太人看來，對孩子的教育，如學習習慣、藝術愛好等，一定要從小就培養。猶太人的很多教育思想和理念都是我們所應借鑑和學習的。

一、在孩子幼小的心裡播下善良的種子

　　人們常說：「人之初，性本善」，孩子的本性是善良的。孩子在小的時候，總是會對周圍發生的不公正事情產生情緒，善良是孩子天性。但在後來的成長中，一些父母往往會給孩子進行一些特殊的教育，例如，灌輸「社會如何爾虞我詐」「人與人之間如何勾心鬥角」「別人打你，你也打他，打不過就咬」「咱們寧可賠錢，也不能吃虧」等理念給孩子。也許父母的本意沒有錯，即告誡孩子學會保護自己，小心上當。可是這些父母在保護孩子的同時，忽視了對孩子進行善良教育。父母要用自己的愛，教育孩子「從善如流」，讓孩子從小培養博愛、同情與寬容等品德。

　　猶太人在教育孩子的過程中，會告訴他們：「善待他人就是善待自己，雖然可能有所付出，但也能得到應有的收穫。」猶太智者拉比曾說：「要敏於事尊，寬以待下，要欣然對待每一個人。」猶太人常教育孩子，善待他人是人類最美好的品質，一個與人為善、

從善如流的人，總會受到人們的稱讚和尊重。如果世界上全都是善待他人的人，那麼世界將變得多麼美好。

在猶太人看來，每個孩子天生具有一些善良的天性，但仍然需要後天培養和引導以增強這種能力。

陳宇是個很懂事、很善良的女孩。她善良的性格，是從很小的時候，被爸爸培養起來的。爸爸常常給陳宇講故事、講歷史。陳宇至今保存著兩枚珍愛的徽章，一枚上面寫著博愛，一枚上面寫著天下為公。那是小時候爸爸送給她的。爸爸希望她長大成為一個愛自己的國家、愛自己的民族、有社會責任感的人。他告訴陳宇，人不能光為自己活著，還要像孫中山先生等志士仁人一樣，以天下為己任。

上學後的陳宇，在學校裡樂於助人是出了名的。只要班上有請病假的同學，不管晚上放學多遲，天氣多惡劣，陳宇都會去同學家幫助他（她）將落下的功課補上。但有一次，陳宇自己病了，卻沒有一個同學主動來看她，這使善良的陳宇非常傷心。父親最懂女兒的心思，他勸慰女兒說：「咱們不應計較別人的回報，因為我們不是為了得到而付出，而是為了讓這社會更美好。」

陳宇的爸爸說，陳宇和所有的孩子一樣，原先只是一張白紙。她的好品格是一點一滴積累而成的，自己只是起了啟發薰陶的作用。

的確，孩子的善良是需要從小培養的，孩子這一張白紙，需要父母用心去描繪。那麼，家長該怎樣讓孩子從小保持一顆善良的心呢？

第一，父母之間相互愛護。

這能讓孩子感受到家庭之愛，從小生活在父母相愛環境中，會讓孩子有一顆積極、溫暖的心。從父母恩愛、彼此尊重的家庭裡走出來的孩子，更懂得去愛別人，他們對家人溫和親熱，對外人也謙讓有禮。

第二，父母要從自身做起，要富有同情心和愛心。

這樣才能把善良的根植入孩子的心中。涓涓之水，匯成江海，愛的殿堂靠一沙一石來構建。自小給予孩子同情和憐憫的情感，是在他身上培植善良、仁愛之情。孩子最初的同情之心和憐憫之心是成人同情之心和憐憫之心的反映。所以，父母同情別人的言行會深深打動兒童的心靈，感染和喚起孩子對別人的關心。

比如，在公車上，家長對孩子說：「你看，那個阿姨抱著小弟弟多累呀，我們讓他們坐到這裡來吧。」鄰居老人生病，家長帶著孩子去探望問候，幫老人做事。新聞報導有人缺錢做手術，生命垂危，家長帶孩子去捐款，獻上一份愛心……經常看到大人是怎麼同情、關心、幫助他人的，對於培養孩子的善良品質最好不過了。平時讓孩子把自己在痛苦時的感受與別人在同樣情境下的體驗加以對

比，體會別人的心情，可以使兒童學會理解別人，學會移情。例如，看到小朋友摔倒了，家長可以啟發孩子：「想想你摔倒時，是不是很疼？小朋友一定很難受，快去扶起他，幫他擦擦臉。」某地發生災情，家長可引導孩子：「那裡的小朋友沒有飯吃，很餓；沒有衣服穿，冷極了。你想想，如果你也在那裡，會怎麼樣？我們去捐點衣服、食物送給災區的人吧！」

父母對周圍人應表現出真摯的同情，並幫助我們身邊正在遭受痛苦和不幸的人。父母還應以自己的善良教育孩子，在孩子的心中撒播善良的種子。要熱誠支持孩子的奉獻愛心活動，為了培養孩子的愛心，學校、社會和家庭要共同創造條件，形成合力。

第三，父母要學會關愛孩子。父母先學會關愛孩子，才能讓孩子關愛別人。可以採取以下幾種辦法：

(1) 隨時關心孩子成長和身心發展的狀況。

(2) 尊重孩子的個性，維護他們的自尊與榮譽感。

(3) 給予孩子的幫助與言行，必須具有正面意義。

(4) 確實瞭解孩子以後，再給予正確的引導與協助。

(5) 無論多忙，一定要抽出時間跟孩子談天，建立親密的感情。

總之，家長只要平時注意對孩子一點一滴的培養，一言一行的引導，在平時生活中關注孩子，愛心和善心就會在孩子心頭扎下根，並會隨著孩子的成長而不斷壯大。

> **塔木德啟示**
>
> 一個孩子就好比一棵樹，必須以善良為根，正直為幹，豐富的情感為枝椏，才能結出美麗善良的果子。孩子良好的情感及修養是人道精神的核心，必須在童年時悉心培養，否則難有效果。

二、讓孩子愛上閱讀

有人說，人的靈魂不能淺薄、庸俗、無聊，它永遠在追求最高尚的東西。使之高尚的重要管道就是讀書。培根說：「書籍是在時代的波濤中航行的思想之船，它小心翼翼地把珍貴的貨物運送給一代又一代。」書是使人類進步的階梯，是智慧的殿堂，是集聚金玉良言的寶庫，珍藏著人類思想的精萃。

對於正在求知的孩子來說，閱讀可以幫助他們增長見識學問，拓展思路，改變思維習慣，促進個人進步。父母總是希望孩子能愛上閱讀，養成閱讀的習慣。然而，我們發現，有些孩子卻不喜歡閱讀，認為讀書是一種折磨，或者爸媽強加給自己的處罰。他們並沒有享受閱讀的過程，也沒發現書中的樂趣。因此，父母的引導就很重要。我們可以學學猶太父母的做法。

在孩子剛懂事的時候，猶太家庭的母親會在《聖經》上塗抹一層蜂蜜，讓孩子去親吻書本，以此讓孩子認識到書本是甜的。在不

到500萬人的以色列，有100多萬人辦有圖書證，平均每4人就有一張圖書證。年滿14歲的人平均每月要讀一本書。書籍對猶太人的價值遠遠超出了黃金和寶石。

正因為有了熱愛讀書的習慣，猶太民族中才有了層出不窮的哲學家和科學家，如黑格爾、費爾巴哈、馬克思、愛因斯坦、奧本海默、巴菲特等。

求知上進的精神永遠是值得我們學習的，在教育上，我們不僅要培養學習的興趣，而且更要啟迪孩子的智慧，培養孩子獨立思考的能力。

猶太人在長期的流離生涯中，也不忘讀書。古時候，猶太人的墓園裡常常放有書本，他們認為，在夜深人靜時，死者會出來看書。

猶太人愛書的傳統由來已久。眾人皆知的股神巴菲特就是猶太人愛學習、愛閱讀的代表，他每天都會閱讀至少五份財經類報紙，瞭解財經新聞，以此增加自己的財經知識。

在猶太人看來，如果孩子發現讀書是一種有趣而且順利的體驗，家長就更應當在他心中植入讀書的欲望。具體的做法是，每天讀書給孩子聽，幫助孩子養成定時閱讀的習慣。

但實際上，孩子在很小的時候對書籍的好奇以及興趣經常就

是被父母扼殺的。有些家長認為：「孩子應該把精力放在學習上，閱讀太多會影響學習」，他們忽略了對於孩子情商的培養也同樣重要。讀書使人明智，孩子的氣質很大一部分是從書中獲得的。當孩子與人交談，能娓娓道來、引經據典時，他們便能獲得別人的讚賞。那麼我們應該如何培養孩子的閱讀興趣呢？或許我們可以從下面這個自述故事中得到啟發：

我在一家私營企業擔任會計，每天有做不完的事情，即便這樣，我還是不忘對女兒的教育。最近我在電視上看了一個「書香潤童年」的活動，主要是倡議我們鼓勵孩子多看書。因此我就打算週末帶6歲的女兒去圖書館。聽說要去圖書館，女兒一臉的興奮。不錯，小傢伙對讀書不排斥。來到圖書館，我先辦了讀書證，然後對女兒說：「小白，進到圖書館裡面一定不能大聲說話，因為叔叔阿姨們都在安靜地讀書學習，聲音太大會影響別人。你要像樓下的小妹妹睡著了那樣，輕輕地走，小聲地說。」女兒用力地點點頭「噓」了一下。

我們走到三樓閱覽室，我再次對女兒「噓」了一下。女兒非常配合，靜靜地隨著我穿過一排又一排的書架。小傢伙找到自己喜歡的讀物後，就乖乖看起來。

到下午五點的時候，我提醒女兒該回家了，她才依依不捨地離開圖書館。我問女兒有什麼感受，她說：「媽媽，以後我們可不可

以自己蓋一間圖書館，裡面放好多好看的書。」我知道，我們這一次圖書館之行起作用了，女兒愛上讀書了。

從這個故事中，我看到了一對母女的圖書館之旅。可以說，從小出入圖書館的孩子都有著特有的氣質，因為讀書是一項精神功課，對人有潛移默化的感染。這種特殊的氣質，是由連綿不斷的閱讀潛移默化而成的。因此，即便你的孩子沒有特殊的天賦，只要你經常帶他出入圖書館，教會他學會閱讀，進入浩瀚的書海，他就能獲得新生，變得越來越自信，越來越富有知識和涵養。

作為父母，我們需要做到：

(1) 如果你的孩子不愛讀書，你需要瞭解孩子不愛讀書的原因，是因為識字量不夠，還是對內容不感興趣。如果是識字量問題，可以先引導孩子聽書，讓他感覺書裡的很多事有意思，再來看書。當孩子對書籍感興趣了，就會願意去圖書館。如果是內容問題，你可以從孩子感興趣的內容入手，逐漸擴展。

(2) 去蕪存菁，為孩子挑選健康、積極、有益於身心發展的書刊。我們不得不承認，現在市場上充斥著各種書刊。並不是任何書目都是適合孩子閱讀的，要找那些真正有品味、適合鑑賞的書籍來讀。

(3) 注意培養孩子的閱讀方法。當孩子年紀還小、無法識別很

多文字的時候，要教育孩子帶著感情閱讀，這樣有利於培養孩子的表達能力以及想像力。父母可以選擇大號字體印刷的書籍，或者指著文字大聲朗讀，來幫助孩子閱讀。在讀書的時候孩子會跟著進入書中的情節，很快就會認識許多生字，並能夠進行獨自閱讀。

(4) 閱讀時，不要忽視肢體語言的作用。模仿是孩子學習的主要方式之一，父母可以將書中的內容用豐富的肢體語言表演給孩子看，孩子在模仿的過程中就會更好地理解書中的內容。睡前是最佳閱讀時機，幼兒的淺睡眠時期最容易進行無意識記憶，因此睡前的閱讀時間一定要把握。

(5) 為了增強和激發孩子閱讀的興趣，建議家長將書本上的知識與生活認知結合起來。

在和孩子一起讀過海洋動物書後，可以帶他去海洋館看看海豹到底是什麼樣子；看過植物書後，可以和孩子一起去野外認識各種可愛的植物。這樣就可以使閱讀變得更有趣，孩子的讀書興趣就會逐漸建立起來。

> **塔木德啟示**
>
> 讓孩子愛上閱讀並不是什麼難事，關鍵是家長要知道讓孩子讀哪類書，還要進行有目的的引導，只有這樣，孩子才能夠不負家長的期待愛上讀書。

三、讓孩子多接觸音樂

　　有人說，音樂是人類最美好的語言。聽好歌，聽輕鬆愉快的音樂會令人心曠神怡，使人沉浸在幸福愉快之中忘記煩惱。放聲唱歌也是一種氣度，一種瀟灑，一種解脫，一種對長壽的呼喚。

　　自古以來，猶太人非常酷愛音樂。在猶太教中，音樂佔據著非常重要的位置。猶太人除了讀書外，對於有條件家庭的孩子，學習音樂也是最基本的。

　　猶太人特別喜歡學習小提琴，所以出名的猶太裔小提琴家也很多。除了小提琴家，猶太民族還向世界貢獻了眾多優秀的音樂家，如波蘭作家兼音樂家華迪史洛‧史匹曼、西方現代主義音樂代表人物阿諾‧荀貝格等。

　　猶太人認為，小孩一生下來就有不同程度的音樂才能，他們會感知韻律和節奏。因此，每個家長都應有意識地為孩子提供學習和欣賞音樂的機會，讓孩子多接觸音樂，讓孩子融入藝術世界，在藝

術殿堂中發展個性、培養美感、完善自我。

愛因斯坦說過「假如沒有早期音樂教育，幹什麼事，我都會一事無成」，是音樂開啟了他的天才智慧，是音樂讓其事業達到頂峰。一位猶太教育家告誡家長，對孩子的音樂學習，不要有什麼顧慮，不要怕影響學習。在孩子低年級時，作業負擔不重的情況下，讓孩子們廣泛接觸音樂不但不會影響學習，反而有助於發展其想像力和理解力。

我們發現在生活中，那些愛音樂的人總是生活得恬淡、舒適，總是能將自己置身於靜謐的世界中。的確，任何人，在經過音樂藝術的薰陶後，都能擁有恬靜的內心。很多孩子在很小的時候就喜歡唱歌，但這種天性似乎隨著年齡的增加逐漸被磨滅了。很多家長認為，學習才是最重要的，對音樂的愛好只是一種奢侈。

一位父親這樣描述對女兒的音樂教育：

我偶然發現有場小提琴演唱會，感覺不錯，適合帶女兒去聽聽，後來因忙於工作暫且擱置了此事。近日又在網路上看到這場音樂會售票活動，想到女兒對音樂還比較感興趣，也想讓她多接觸、薰陶一下。其實，我曾經就是個小提琴手，只是後來各種因素讓我逐漸擱淺了這項愛好。毫不遲疑地，我訂了兩張票。

去聽音樂會前的當天下午，我找了些晚會經典的曲目播放，讓她仔細地聽，看看畫面裡描述了哪些主題場景，以便略有些概念，

不會在真的聽音樂時不知所云，另外，在音樂會開場前，我們提前10分鐘就到了，這樣，一來不會誤時，二來讓孩子適應周圍環境。

晚上的音樂會女兒都能很認真聽，很仔細看。時不時用小手打著節拍，比劃著小提琴手拉琴的動作，這已經讓我感到欣慰了。

欣賞音樂，到音樂會現場和在家看是不一樣的。音樂會是視覺與聽覺的綜合作用，能潛移默化地培養孩子氣質和全面素質。如以後有合適的演出我還想帶她來，不指望學成什麼，只是讓她有個良好的藝術氛圍，這樣的藝術薰陶真的會給人美的感受。

故事中，這位父親是個懂得培養女兒音樂素養的人。的確，帶孩子欣賞音樂能薰陶孩子的藝術氣息，擴大孩子的視野，豐富孩子的閱歷。

1. 給孩子獨立欣賞音樂的機會

如果你發現孩子正在為某個聲音或者一首曲子聽得出神時，不要打斷他，讓他靜靜地聽。

2. 帶孩子感受音樂要趁早

孩子在四、五歲的時候，其實已經能感受到音樂作品中的思想內容，並能正確地辨認音樂作品體現的情緒，感知其細微之處，也能明確區分自己喜不喜歡的音樂作品。因此，聽音樂的目的無論是

開發孩子的音樂潛能，還是為了薰陶他的藝術氣息，父母都要趁早「行動」。不少音樂廳甚至兩歲以上的兒童都可以入場，用意很明顯，就是「從娃娃抓起」「早播種」。音樂除了怡情、養性，還能益智。

3. 為孩子提供音樂學習的條件

如果你的孩子愛好音樂，想學習某種樂器，千萬不要因為經濟條件不好而捨不得給他買，也不要認為培養孩子學音樂是浪費金錢。要知道，你的一次吝嗇，可能會讓孩子的前程變得黯淡，甚至影響到他獨特氣質的形成。

4. 鼓勵並讚揚孩子學音樂

如果你的孩子向你問及對他練習一段的音樂意見時，你要放下手中的事，給他正面的鼓勵和讚揚，使他有繼續學習的動力，不要敷衍回應。

5. 和孩子一起感受音樂的美妙

如果你發現孩子不是很喜歡音樂，那麼，為了培養孩子安靜的氣質，你也有必要對其進行引導，你可以進入孩子的世界，和他一起沉浸到音樂的氛圍中。因為父母是孩子的啟蒙老師，孩子的很多

興趣愛好是培養出來的，一旦成為習慣，孩子就很容易客觀平靜地看待自己，從而形成一種文雅的性格和氣質。

6. 父母應把幼兒音樂培養、激發音樂興趣放在首位

聽音樂的根本目的是更好地促進兒童的發展，是將音樂教育融於生活、遊戲之中，絕不是音樂知識和技能的反覆操練和鞏固。

> **塔木德啟示**
>
> 音樂是心靈中最為積極的元素，它會使內心的情感與其共鳴，如同舞蹈般在人的靈魂中歡快地跳躍。經常感受音樂力量的孩子總能保持心靈的寧靜，多一份聖潔與執著。身為父母的我們，都要為孩子提供學習和欣賞音樂的機會！

第 13 章

信仰的力量，
學習猶太人自強不息的精神

綜觀猶太民族的歷史，我們發現，支撐猶太民族生存下來並且獲得發展的，是他們的信仰。因為信仰的存在，猶太人總是能自強不息、超越痛苦，獲得新生。的確，信仰是指路明燈，是前進動力。信仰可以給人帶來積極向上的力量，也可以給一個國家和民族帶來星火燎原的希望。而對於我們自身來說，我們也要記住，很多時候打垮自己的不是別人，而是你自己。人生路上，難免遭遇磨難，我們不要把一次的失敗看成是人生的終點，世上沒有一帆風順的事，抱有信仰，心懷向上的信念，你就能實現自我超越。

一、什麼是摩西十誡

提到猶太人，就不得不提摩西十誡，「摩西十誡」作為《聖經》中的基本行為準則，流傳了下來，影響深遠。它是猶太人一切立法的基礎，也是西方文明核心的道德觀。那麼，什麼是摩西十誡呢？

《聖經》中記載，由於移居到埃及的猶太人勞動勤奮，並且擅長貿易，所以積攢了許多財富，這引起了執政者的不滿，加之執政者對於以色列人的恐懼，所以法老下令殺死新出生的猶太男孩。梅瑟出生後，母親為保其性命就取了一個蒲草箱，抹上石漆和石油，將孩子放在裡面，把箱子擱在河邊的蘆荻中。後來箱子中的梅瑟被來河邊洗澡的埃及公主發現，帶回了宮中。梅瑟長大後一次失手殺死了一名毆打猶太人的士兵，為了躲避法老的追殺，梅瑟來到了米甸並娶祭司的女兒西坡拉為妻，生了一子。梅瑟一日受到了神的感召，回到埃及，帶領居住在埃及的猶太人，離開那裡返回故鄉。在

回鄉的路上，梅瑟得到了神所頒佈的《十誡》，即《摩西十誡》。

《摩西十誡》的內容是：

第一條：「我是耶和華——你的上帝，曾將你從埃及地為奴之家領出來，除了我之外，你不可有別的神。」

第二條：「不可為自己雕刻偶像，也不可做什麼形象彷彿上天、下地和地底下、水中的百物。不可跪拜那些像，也不可侍奉它，因為我耶和華——你的上帝是忌邪的上帝。恨我的，我必追討他的罪，自父及子，直到三四代；愛我、守我戒命的，我必向他們發慈愛，直到千代。」

第三條：「不可妄稱耶和華——你上帝的名；因為妄稱耶和華名的，耶和華必不以他為無罪。」

第四條：「當紀念安息日，守為聖日。六日要勞碌做你的工，但第七日是向耶和華——你的上帝當守的安息日。這一日你和你的兒女、僕婢、牲畜，並在你城裡寄居的客旅，無論何工都不可做；因為六日之內，耶和華造天、地、海和其中的萬物，第七日便安息，所以耶和華賜福與安息日，定為聖日。」

第五條：「當孝敬父母，使你的日子在耶和華——你的上帝所賜你的土地上得以長久。」

第六條：「不可殺人。」

第七條：「不可姦淫。」

第八條：「不可偷盜。」

第九條：「不可做假見證陷害人。」

第十條：「不可貪戀他人的房屋；也不可貪戀他人的妻子、僕婢、牛驢，並他一切所有的。」

摩西十誡的重大意義在於把一些古老的習俗，用法律的形式確定下來，成為人們生活的一種行為規範。它具有三個方面的意義，一是宗教上的，二是法律上的，三是道義上的。

第一，從宗教上來看，摩西十誡初步形成了猶太教的教規教義，乃至於後來發展成為猶太法典。

第二，它對法律方面的第一個重要的影響就是契約精神。無論是作為人，乃至於神、上帝，都應該信守、尊重契約。摩西十誡本身就是上帝為了指引逃難的猶太民族擺脫苦難，回到他們自己的故鄉所達成的一個契約。猶太人必須要遵守契約，上帝才會幫助他們，幫助他們回到故鄉，如果不遵守這種契約、毀約，就會遭到懲罰。同樣，上帝也要遵守，因為這是一種人神之間簽訂的契約。那麼從摩西十誡中就發展出了法律，因為法律文明最重要的一種精神要素，就是信守契約。摩西十誡對法律方面的第二個影響，就是後來的法律文化，尤其是它的第九條，不可作假見證，對司法程序上產生了重要影響。後來西方法庭裡，證人都有一個舉手宣誓，保證自己所講的是真實的，而不是一種作假證的過程。第三個在法律方

面的影響，就是個人權利和責任的明確，這種個人權利和他的法律責任的對應，是後來整個西方法律的演進當中，堅持的一個很基本的原則。

第三，從道義上講，摩西十誡實際上沒有規定具體的條文，比如說如果你違約了，它的具體懲罰手段、方式是什麼，它實際上是作為一部宗教性的律法，它要告訴我們的是每一個人，應該在自己內心世界裡面，確立起這樣的一種信念——遵守法律不僅只是你個人的、功利目的的需要，而且是遵守法律本身，就是作為一個人的一種道德擔當，是一種道德的責任，這對西方法律文明的影響是非常深遠的。

如果你看過《鐵達尼號》，就能更加瞭解其中的含義了。鐵達尼號沉沒了，每個人都驚慌，面臨死亡誰能不驚慌，可是有一個牧師這個時候提議，在救生艇有限的情況下，我們首先要保證的是婦女兒童的生命安全，這是我們每一個人，特別是我們每一個男人最基本的一種職責、一種道義，這是上帝指示給我們的。當船沉沒以後，這個牧師抓住了一塊舢板沒死，這個時候從另外一個方向，向他游過來的一個年輕人生命垂危，這個牧師問他：「年輕人，你信主嗎？」這個年輕人在這樣的時候，他哪裡還看到主的希望啊，他回答說：「我不信。」這個牧師說：「你從現在開始信主吧，主會

救你的。」於是把自己的這一塊舢板推給了這個年輕人，這個年輕人活了下來，牧師犧牲了。

> **塔木德啟示**
>
> 摩西十誡對猶太民族來說是意義重大的，摩西請求上帝給他指引，幫助猶太民族找到逃離苦難的道路，上帝給了他摩西十誡，而摩西後來率領他的猶太民族遵守了這十誡，於是上帝也兌現了祂的承諾，讓摩西最後終於帶領他的族人返回了他的故鄉，逃出了苦難。

二、瞭解猶太民族的苦難史

　　人類歷史上最苦難的民族莫過於猶太民族，但也正是苦難造就了猶太人堅韌的性格和能在惡劣的環境下生存的聰慧頭腦。說起聰明，沒有哪個民族能與猶太民族比肩。

　　猶太人的發源地並不是今天的巴勒斯坦一帶，而是兩河流域地區大致是今天的伊拉克地區。後來在亞伯拉罕的帶領下，他們遷移到了流著奶和蜜的地方——迦南地。其實迦南就是今天的巴勒斯坦地區。猶太人遷居到迦南後，在那裡過著富足的日子。但到了亞伯拉罕的孫子雅各時期，巴勒斯坦地區遇到嚴重的乾旱，人民生活艱難，為了延續種族，雅各的族人開始和希克索斯人侵略了埃及。但好景不長，埃及的法老率領大軍在200多年後捲土歸來，重新收復了領土。猶太人還沒有醒悟過來已成了埃及人的階下囚。從此，他們過上了奴隸般的日子，並受到了法老的種種剝削和壓榨。

　　面對苦難，猶太人開始祈求神靈的幫助。這個時期有個重要人

物出現了,那就是摩西。前面章節中,我們已經介紹過,他為猶太人帶來了摩西十誡。

摩西帶領猶太人回到迦南後並不能一直過著安定的日子,他們被亞述人、巴比倫人、波斯人、希臘人輪番侵略。每一個外來民族都足以讓這個苦難的民族受到覆滅的境地,但他們依靠對上帝的祈禱,依靠能戰勝一切困難的信念始終生存了下來。

對於猶太人來說,最嚴重的滅族危機並不源於侵略,而是來自西元1世紀時期羅馬人的血洗和法西斯對其種族的屠殺政策。

西元2世紀的羅馬,國力強盛,不斷蠶食周圍的國家,巴勒斯坦地區也不可避免地成為了羅馬人侵略的對象。在羅馬征服巴勒斯坦的過程中,猶太人再次遷移了,他們向西渡過地中海來到西歐國家。但由於是外來的民族,西歐的封建主不允許他們擁有土地,只允許其從事低賤的行業。和我們古代一樣,當時的西歐也存在著重農抑商的觀點,所以猶太人只能做些小買賣養家糊口。但是這樣的苦痛和歷史機遇造就了猶太人善於經商的頭腦。很快,猶太人變得有錢了,而且隨著西歐資本主義萌芽的出現和發展,一部分猶太人逐漸成為了上流階層。這就勢必會威脅到西歐本土新興資產階級的利益,所以西歐國家的人民開始產生一種「排猶情緒」。他們總想著把猶太人給趕走。

在歐洲人的排斥中,猶太人再次逃離,他們開始遷居到美洲國

家和東歐國家。據史料記載，第二次世界大戰前後猶太人聚集最多的國家是美國和波蘭。當然遷居到波蘭的猶太人是最倒楣的，因為希特勒挑起第二次世界大戰的事件就是吞併了波蘭。希特勒在整個第二次世界大戰期間屠殺的猶太人足足有600萬人。

　　第一次世界大戰後，英國和美國開始支持猶太人在巴勒斯坦地區建立自己的國家。1948年，幾十萬猶太人從世界各地輾轉來到巴勒斯坦地區建立了以色列國家。可建國後的第二天戰爭就爆發了。因為當初受到羅馬的侵略後，猶太人走了，但阿拉伯人來了，並且在此居住了1300多年，因此阿拉伯人反對以色列在自己的領土上建國從而引發了不斷出現的以巴衝突。

> **塔木德啟示**
>
> 在歷史上，猶太人雖然是弱小民族，總在歷史上飽經蹂躪，但卻也總能在戰後獲得獨立並在經濟上迅速發展起來，這是我們應該研究和從中獲得啟發的。

三、信仰超越一切

　　在生活中任何人都有自己的夢想，都希望成功。成功是人們追求的永恆目標，但無論你選擇什麼目標，你都要有勇氣。在這條路上，你不但要擁有堅韌和耐心，還要做到放眼未來，堅定必勝的信念。這樣即便再苦、再累，也能勇敢地與困難拚搏。成功的人之所以能夠成功，就是因為他們有堅韌不拔的毅力，能看到困境中的希望，並把失敗化作無形的動力，從而最終反敗為勝。

　　「相信自己會得到」是一種信仰和信念，猶太人之所以能從民族驅逐和迫害中生存下來，回到自己的故鄉，並擁有令人稱羨的財富，就來源於他們的信仰。他們信仰上帝，相信只要遵守和上帝的約定，就能獲得幸福。

　　生活中的人們，也許你現在還站在窮人的行列，被周圍的人嘲笑，也許你受了很多苦，但無論你遇到什麼，如果你內心有目標，就絕不可輕言放棄。

很久以前，在一個偏僻的小山村裡，有一對堂兄弟，他們年輕力壯，都雄心勃勃。他們渴望成功，希望有一天能夠成為村裡最富有的人。

一天，村裡決定雇用他們二人把附近河裡的水運到村廣場的水缸裡去。這對他們來說真是一份美差，因為每提一桶水他們就能賺取一分錢，這在小鎮上來說是最好的工作了，於是兩個人都抓起兩只水桶奔向河邊。

「我們的夢想實現了！」表哥布魯諾大聲地叫著，「我們簡直無法相信我們的好福氣。」

但是表弟柏波羅不是非常確信。他的背又痠又痛，提著那重重的大桶，手也起了泡。他害怕明天早上工作會更辛苦，於是發誓要想出更好的辦法。

幾經琢磨之後，表弟決定修一條管道將水從河裡引到村裡去。他把這個主意告訴了表哥，但是表哥覺得他們現在做著全鎮最好的工作，不願意花那麼長的時間去修一條管道。

柏波羅並沒有氣餒，他每天用半天時間來提水，半天時間修管道，並且始終耐心地堅持著。

布魯諾和其他村民開始嘲笑柏波羅，因為布魯諾能賺到比柏波羅多一倍的錢。為了炫耀，布魯諾買了一頭驢，配上全新的皮鞍，拴在他新蓋的二層樓旁。

布魯諾買了亮閃閃的新衣服，在鄉村餐館裡吃可口的食物，村民們稱他為布魯諾先生。當他坐在酒吧裡，為人們買上幾杯酒時，人們都為他所講的笑話開懷大笑。

當布魯諾晚間和週末睡在吊床上悠然自得時，柏波羅還在繼續挖他的管道。頭幾個月，柏波羅的努力並沒有多大進展，他工作很辛苦，比布魯諾的工作更辛苦，因為柏波羅晚上和週末都在工作。

一天天，一月月過去了。表弟柏波羅仍然沒有放棄，管道終於快要完工了。

在柏波羅休息的時候，他看到布魯諾在費力地運水，布魯諾比以前更加的駝背，由於長期勞累，步伐也變慢了。布魯諾很生氣，悶悶不樂，為他自己一輩子運水而憤恨。

布魯諾開始較少的時間躺在吊床上，卻花很多的時間在酒吧裡。當布魯諾進來時，酒吧的顧客在竊竊私語：「提桶人布魯諾來了。」當鎮上的醉漢模仿布魯諾駝背的姿勢和拖著腳走路的樣子時，他們咯咯大笑。布魯諾不再買酒給別人喝了，也不再講笑話了。他寧願獨自坐在漆黑的角落裡，被一大堆空瓶所包圍。

最後，柏波羅的大日子終於來到了——管道完工了！村民們簇擁著來看水從管道中流入水槽裡！現在村子源源不斷地有乾淨水供應了。附近其他村民都搬到這個村子裡來，村子頓時繁榮了起來。

管道一完工，柏波羅不用再提水桶了。無論他是否工作，水源

源不斷地流入。他吃飯時，水在流入；他睡覺時，水在流入；當他週末去玩時，水在流入。流入村子的水越多，流入柏波羅口袋裡的錢也越多。

管道人柏波羅的名氣大了，人們稱他為奇蹟創造者。

人們常說，魚與熊掌不可兼得，其實，做任何事情都是如此，想要日後達到目標，現在就要忍受痛苦。

在追夢的過程中，你永遠都不要放棄心中的希望，如果遇到困難，就把困難當成人生的考驗，不要在困難面前茫然退縮，更不要不知所措迷失自己，滿懷希望地為著自己的夢想而努力，相信終有一天，你會走出低谷，走向光明。現實是美好的，但又是殘酷的，關鍵在於面對困難，你是否具有韌性，能否堅持到底。

在夏威夷，有一個叫保羅·瑪哈的人，他是一名建築承包商，他一直堅信做人不可輕言放棄，並且他也是用行動證明了自己的信念，因此他現在的事業做得十分成功。

1931年，瑪哈先生在夏威夷找工作，他希望自己能進入建築界，但是那個時候的他並沒有工作經驗，因此處處碰壁，工作不但沒有著落，連生計也成了問題。當時美國建築行業也不景氣，就連那些經驗豐富的建築人才也遭到解聘，更別說他一個新手了。

後來，瑪哈先生在談到此事時還這樣感嘆：「我覺得實在沒什麼希望了，確實如此，那些想要蓋房子的人，誰願意找那些沒有

經驗的人呢？但無論怎樣，我還是堅定了信心，並且下決心一定要做到底。我想，既然沒有人肯請我，我就自己做，為什麼不創業呢？於是，我從親友那裡借來了500美元，然後自己成立了一家小建設公司。但我們沒有生意做，怎麼辦？我還是相信自己的信念，終於，我的事業贏來了轉機。我的第一筆生意是建造一棟2500美元的房子，當時因為缺乏經驗，我對這一工程的估價不準，結果我賠了200美元，不過我也從中得到了一些教訓。接下來的幾單生意就順利多了，我也獲得了不少利潤。因為我一直堅信人不可輕言放棄，所以我終於度過了一生中最大的難關。」

一些人會跌倒，不是因為失去了信心，而是沒有將信念付諸行動，並一直堅持下去。因此，如果你想要變得更加成熟，請記住第四大原則：堅持自己的信仰並實踐它。

> **塔木德啟示**
>
> 一個積極向上的信仰能引導我們增加勇氣，使我們在接受考驗的時候，不至於臨陣退縮，但除非我們把行動建立在信仰之上，否則，只是空洞的信仰和原則並沒有什麼用處。

四、自我鼓勵，獲得力量

埃及人想知道金字塔的高度，但由於金字塔又高又陡，測量因難。因此，他們向古希臘著名哲學家泰勒斯求救，泰勒斯爽快地答應了。只見他讓助手垂直立下一根標杆，不斷地測量標杆影子的長度。開始時，影子很長很長，隨著太陽漸漸升高，影子的長度越縮越短，終於與標杆的長度相等了。泰勒斯急忙讓助手測出金字塔影子的長度，然後告訴在場的人：這就是金字塔的高度。

金字塔的高度可以測量，但在生活中，你的人生高度該怎樣來測算呢？實際上，無論現在你處於什麼樣的境況，只要你不甘於現狀，並積極為未來思考，尋找出路，就沒有什麼達不到的目標，你要相信自己，你有資格獲得成功與幸福！

在猶太聖典《塔木德》上有這樣一句話：「超越別人，不如超越自我。」所以，猶太人在超越自己的事情上一天都不放鬆。他們勤勞自勉，不斷超越自己，於是就在某一天自然而然地超越了別

人。

猶太人認為，為了實現成功，一個重要的方面就是心念目標，即不斷想像你成功後的樣子。一個人如果在內心看到自己成功後的畫面，他就能從潛意識中獲得能量，如果在此基礎上他還能堅持不懈地為之努力，那麼，他一定會是一位成功的人。人生就有許多這樣的奇蹟，看似比登天還難的事，只要不斷嘗試就可以做到，其中的差別就在於是否擁有非凡的信念。

在現實生活中，我們每天都要面臨著不同的壓力，難免有時候會出現一些消極的情緒，如焦慮、畏懼等，而戰勝這些消極情緒的法寶就是自信心和勇氣。自信心從何而來？來自潛意識，積極的意識會幫你重新獲得能量。

如果我們能經常激勵和鼓勵自己，潛意識就會接受自己的優秀，從而調動一切積極的因素讓我們變得真正強大，有不少成功者，都是透過這一方法提高了自己的專業能力和水準的。

美國歷史上第一位榮獲普利茲新聞獎的黑人記者伊爾‧布拉格，在回憶自己童年經歷時說：「我們家很窮，父母都靠賣苦力維生。我一直認為，像我們這樣地位卑微的黑人是不可能有什麼出息的，也許一生只會像父親所工作的船隻一樣，漂泊不定。」

布拉格9歲那年，父親帶他去參觀梵谷的故居。在那張著名的吱嘎作響的小木床和那雙龜裂的皮鞋面前，布拉格好奇地問父親：

「梵谷不是世界上最著名的大畫家嗎?他難道不是百萬富翁?」父親回答他說:「梵谷的確是世界著名的畫家,同時,他也是一個和我們一樣的窮人,而且是一個連妻子都娶不起的窮人。」

又過了一年,父親帶著布拉格去了丹麥,在童話大師安徒生牆壁斑駁的故居,布拉格又困惑地問父親:「安徒生不是生活在皇宮裡嗎?可是,這裡的房子卻這樣破舊。」父親答道:「安徒生是個磚匠的兒子,他生前就住在這棟殘破的閣樓裡。皇宮只在他的童話裡才會出現。」

從此,布拉格的人生觀完全改變。他不再自卑,不再以為只有那些有錢、有地位的人才會出人頭地。他說:「我慶幸有位好父親,他讓我認識了梵谷和安徒生,而這兩位偉大的藝術家又告訴我,人能否成功與貧富毫無關係。」

生活中的人們,請你不要為錯失良機而嘆息,不要因為一時的失敗而惶恐,更不要失去追求更高目標的信念和勇氣,你應該有「天生我才必有用」的信心和豪情,充滿自信地走向生活!

因此,我們應該保持樂觀正面的心態,對自己進行積極的自我心理暗示。在心中構建成功後的畫面,那麼,潛意識就會接收你的指示,然後按照你的指示去行動,最終讓你成為一個真正有所作為的人。

那麼,我們應該怎樣自我激勵,以獲得信心呢?

1. 跟自己比,不和別人比

猶太人愛迪生說,自信是成功的第一秘訣,自信心的樹立,不在於和別人比較,而是拿自己的今天和昨天去比。

在愛迪生上小學時,有一次上勞作課,同學們都交了自己的手工作業,到第二天,愛迪生才慢吞吞地交給老師一只粗糙的小板凳,對此,老師的評價是:「我想世上不會再有比這更糟的小板凳了。」但對此,愛迪生的回答是:「有的。」然後他從課桌下面拿出兩只小板凳,舉起左手說:「這是我第一次做的。」又舉起右手說:「這是我第二次做的,我剛才交的是第三次做的,雖然它不能使人滿意,但是總算比這兩只好多了。」

愛迪生的自信就是在和自己的比較中樹立起來的。

在現實生活中,大家都習慣了去和別人比較,但是,人外有人,天外有天,這樣和別人比較下去是沒有盡頭的。我們只會在和別人的比較中失去自信,同時也被周圍的環境牽著鼻子走,所以建立自信最關鍵的一步就是改變自己老是和別人比較的習慣。一旦自己不知不覺地在和別人比較就要提醒自己打住,糾正不良的思維習慣。

2. 找到自信心的欠缺處

我們要意識到自己的信心在哪方面是欠缺的,只有找到這一點,才能更好地「查缺補漏」。比如,你是否對自己的能力感到力

不從心，或者當你與一個比你更有實力的夥伴合作時，你是否感到自卑？那麼這種畏縮與自卑是從何而生的呢？我們必須對這些問題進行認真的反思。

3. 運用積極的自我暗示

　　我們要對自己進行有根據的自我暗示，對於自己的優勢要不斷地在心理上進行強化，對於自己的劣勢，需要制訂詳細計畫進行克服，相信這些劣勢經過一段時間後會轉變為自己的優勢。不管是現在擁有的優勢還是經過一段時間能夠轉變為優勢的劣勢，都是實實在在的東西，看得見摸得著，這些是自信的基礎，是自己自信的倚賴。

　　沒有根據的自我暗示也是有作用的，比如，時刻提醒自己：我是世界上最棒的，我有實力，我有能力，我一定會成功。只要不斷重複這種暗示，經過一段時間後你也一定會發生改變。

4. 客觀對待負面資訊影響

　　自信心的負面資訊總是隨時出現的，最常見的就是自己遇到不會做的題目了。但對這類題目不要一概而論，要客觀分析，屬於自己能力以外的就不要放在心上，要相信剩下的經過自己的努力一定可以做出來。

塔木德啟示

任何一個人，要想獲得自信，就必須認識到一點，那就是真正的自信來自於我們的內心世界，源於我們的潛意識。改變我們的潛意識，從內心自我鼓勵，就能增強我們的自信。

塔木德：猶太人的最高致富智慧/苑琳著. -- 初版.
-- 臺北市：春天出版國際文化有限公司, 2025.05
    面　；　公分. -- (Progress ； 44)
ISBN　978-626-7637-75-3(平裝)

1.CST: 猶太民族 2.CST: 民族文化 3.CST: 成功法

536.87   114004105

塔木德
猶太人的最高致富智慧

Progress 44

作　　者◎苑琳	總　經　銷◎楨德圖書事業有限公司
總　編　輯◎莊宜勳	地　　　址◎新北市新店區中興路2段196號8樓
主　　編◎鍾靈	電　　　話◎02-8919-3186
出　版　者◎春天出版國際文化有限公司	傳　　　真◎02-8914-5524
地　　　址◎台北市大安區忠孝東路4段303號4樓之1	香港總代理◎一代匯集
電　　　話◎02-7733-4070	地　　　址◎九龍旺角塘尾道64號 龍駒企業大廈10 B&D室
傳　　　真◎02-7733-4069	電　　　話◎852-2783-8102
E－mail◎frank.spring@msa.hinet.net	傳　　　真◎852-2396-0050
網　　　址◎http://www.bookspring.com.tw	
部　落　格◎http://blog.pixnet.net/bookspring	
郵政帳號◎19705538	
戶　　　名◎春天出版國際文化有限公司	
法律顧問◎蕭顯忠律師事務所	版權所有‧翻印必究
出版日期◎二○二五年五月初版	本書如有缺頁破損，敬請寄回更換，謝謝。
定　　　價◎370元	ISBN 978-626-7637-75-3
	Printed in Taiwan

中文繁體版通過成都天鳶文化傳播有限公司代理，由中國紡織出版社有限公司授予春天出版國際文化有限公司獨家出版發行，非經書面同意，不得以任何形式複製轉載。